TRANZLATY

Sprache ist für alle da

Jezik je za vse

Das Kommunistische Manifest

Komunistični Manifest

Karl Marx
&
Friedrich Engels

Deutsch / Slovenščina

ISBN: 978-1-80572-342-4

Original text by Karl Marx and Friedrich Engels

The Communist Manifesto

First published in 1848

www.tranzlaty.com

Einleitung
Uvod

Ein Gespenst geht um in Europa – das Gespenst des Kommunismus

Evropo preganja duh – duh komunizma

Alle Mächte des alten Europa sind eine heilige Allianz eingegangen, um dieses Gespenst auszutreiben

Vse sile stare Evrope so sklenile sveto zavezništvo, da bi izgnale ta duh

Papst und Zaren, Metternich und Guizot, französische Radikale und deutsche Polizeispione

Papež in car, Metternich in Guizot, francoski radikalci in nemški policijski vohuni

Wo ist die Oppositionspartei, die von ihren Gegnern an der Macht nicht als kommunistisch verschrien wurde?

Kje je stranka v opoziciji, ki je nasprotniki na oblasti niso obsodili kot komunistično

Wo ist die Opposition, die nicht den Brandvorwurf des Kommunismus gegen die fortgeschritteneren Oppositionsparteien zurückgeschleudert hat?

Kje je opozicija, ki ni vrgla nazaj očitka komunizma proti naprednejšim opozicijskim strankam?

Und wo ist die Partei, die den Vorwurf nicht gegen ihre reaktionären Gegner erhoben hat?

In kje je stranka, ki ni obtožila svojih reakcionarnih nasprotnikov?

Aus dieser Tatsache ergeben sich zweierlei

Iz tega dejstva izhajata dve stvari

I. Der Kommunismus wird bereits von allen europäischen Mächten als eine Macht anerkannt

I. Vse evropske sile že priznavajo, da je komunizem sila

II. Es ist höchste Zeit, dass die Kommunisten ihre Ansichten, Ziele und Tendenzen offen vor der ganzen Welt offenlegen

II. Skrajni čas je, da komunisti odkrito in pred vsem svetom objavijo svoja stališča, cilje in težnje

sie müssen diesem Kindermärchen vom Gespenst des
Kommunismus mit einem Manifest der Partei selbst
begegnen

s to otroško zgodbo o duhu komunizma se morajo soočiti z
manifestom same stranke

Zu diesem Zweck haben sich Kommunisten verschiedener
Nationalitäten in London versammelt und folgendes
Manifest entworfen

V ta namen so se v Londonu zbrali komunisti različnih
narodnosti in skicirali naslednji manifest

Dieses Manifest wird in deutscher, englischer,
französischer, italienischer, flämischer und dänischer
Sprache veröffentlicht

ta manifest bo objavljen v angleškem, francoskem, nemškem,
italijanskem, flamskem in danskem jeziku

Und jetzt soll es in allen Sprachen veröffentlicht werden, die
Tranzlaty anbietet

In zdaj bo objavljen v vseh jezikih, ki jih ponuja Tranzlaty

Bourgeois und Proletarier
Buržoazija in proletarci
Die Geschichte aller bisherigen Gesellschaften ist die
Geschichte der Klassenkämpfe
Zgodovina vseh doslej obstoječih družb je zgodovina
razrednih bojev
Freier und Sklave, Patrizier und Plebejer, Herr und
Leibeigener, Zunftmeister und Geselle
Svobodnjak in suženj, patricij in plebejec, gospodar in tlačan,
cehovski gospodar in popotnik
mit einem Wort, Unterdrücker und Unterdrückte
z eno besedo, zatiralec in zatirani
Diese sozialen Klassen standen in ständiger Opposition
zueinander
ti družbeni razredi so si nenehno nasprotovali
Sie führten einen ununterbrochenen Kampf. Jetzt versteckt,
jetzt offen
nadaljevali so neprekinjen boj. Zdaj skrito, zdaj odprto
Ein Kampf, der entweder in einer revolutionären
Rekonstitution der Gesellschaft als Ganzes endete
boj, ki se je končal z revolucionarno obnovo družbe na splošno
oder ein Kampf, der im gemeinsamen Ruin der streitenden
Klassen endete
ali boj, ki se je končal s skupnim propadom nasprotujočih si
razredov
Blicken wir zurück auf die früheren Epochen der Geschichte
Oglejmo se nazaj v zgodnejša obdobja zgodovine
Wir finden fast überall eine komplizierte Einteilung der
Gesellschaft in verschiedene Ordnungen
skoraj povsod najdemo zapleteno ureditev družbe v različne
rede
Es gab schon immer eine mannigfaltige Abstufung des
sozialen Ranges
vedno je obstajala mnogovrstna stopnjevanje družbenega
položaja
Im alten Rom gibt es Patrizier, Ritter, Plebejer, Sklaven

V starem Rimu imamo patricije, viteze, plebejce, sužnje
im Mittelalter: Feudalherren, Vasallen, Zunftmeister,
Gesellen, Lehrlinge, Leibeigene
v srednjem veku: fevdalci, vazali, cehovski mojstri, popotniki,
vajenci, tlačani
In fast allen diesen Klassen sind wiederum untergeordnete
Abstufungen
v skoraj vseh teh razredih, spet, podrejene stopnje
Die moderne Bourgeoisie Gesellschaft ist aus den
Trümmern der feudalen Gesellschaft hervorgegangen
Sodobna buržoazna družba je zrasla iz ruševin fevdalne
družbe
Aber diese neue Gesellschaftsordnung hat die
Klassengegensätze nicht beseitigt
Toda ta novi družbeni red ni odpravil razrednih nasprotij
Sie hat nur neue Klassen und neue
Unterdrückungsbedingungen geschaffen
Vzpostavila je le nove razrede in nove pogoje zatiranja
Sie hat neue Formen des Kampfes an die Stelle der alten
gesetzt
namesto starih je vzpostavila nove oblike boja
Die Epoche, in der wir uns befinden, weist jedoch eine
Besonderheit auf
Vendar pa ima obdobje, v katerem se nahajamo, eno
značilnost
die Epoche der Bourgeoisie hat die Klassengegensätze
vereinfacht
epoha buržoazije je poenostavila razredne antagonizme
Die Gesellschaft als Ganzes spaltet sich mehr und mehr in
zwei große feindliche Lager
Družba kot celota se vse bolj deli na dva velika sovražna
tabora
zwei große soziale Klassen, die sich direkt gegenüberstehen:
Bourgeoisie und Proletariat
dva velika družbena razreda, ki sta neposredno nasprotna
drug drugemu: buržoazija in proletariat

Aus den Leibeigenen des Mittelalters gingen die Bürger der ersten Städte hervor

Iz sužnjev srednjega veka so zrasli pooblaščeni meščani najzgodnejših mest

Aus diesen Bürgern entwickelten sich die ersten Elemente der Bourgeoisie

Iz teh meščanov so se razvili prvi elementi buržoazije

Die Entdeckung Amerikas und die Umrundung des Kaps

Odkritje Amerike in zaokrožitev rta

diese Ereignisse eröffneten der aufstrebenden Bourgeoisie neues Terrain

ti dogodki so odprli novo podlago za naraščajočo buržoazijo

Die ostindischen und chinesischen Märkte, die Kolonisierung Amerikas, der Handel mit den Kolonien

Vzhodnoindijski in kitajski trgi, kolonizacija Amerike, trgovina s kolonijami

die Vermehrung der Tauschmittel und der Waren überhaupt

povečanje menjalnih sredstev in blaga na splošno

Diese Ereignisse gaben dem Handel, der Schiffahrt und der Industrie einen nie gekannten Impuls

Ti dogodki so trgovini, navigaciji in industriji dali impulz, ki ga prej nismo poznali

Sie gab dem revolutionären Element in der wankenden feudalen Gesellschaft eine rasche Entwicklung

Omogočila je hiter razvoj revolucionarnega elementa v nestabilni fevdalni družbi

Geschlossene Zünfte hatten das feudale System der industriellen Produktion monopolisiert

zaprti cehi so monopolizirali fevdalni sistem industrijske proizvodnje

Doch das reichte den wachsenden Bedürfnissen der neuen Märkte nicht mehr aus

vendar to ni več zadostovalo za naraščajoče potrebe novih trgov

Das Manufaktursystem trat an die Stelle des feudalen Systems der Industrie

Proizvodni sistem je nadomestil fevdalni sistem industrije
Die Zunftmeister wurden vom produzierenden Bürgertum auf die Seite gedrängt
Cehovske mojstre je na eno stran potisnil proizvodni srednji razred
Die Arbeitsteilung zwischen den verschiedenen korporativen Innungen verschwand
delitev dela med različnimi korporativnimi cehi je izginila
Die Arbeitsteilung durchdrang jede einzelne Werkstatt
delitev dela je prodrla v vsako posamezno delavnico
In der Zwischenzeit wuchsen die Märkte immer weiter und die Nachfrage stieg immer weiter
Medtem so trgi nenehno rasli, povpraševanje pa je vedno naraščalo
Selbst Fabriken reichten nicht mehr aus, um den Anforderungen gerecht zu werden
Tudi tovarne niso več zadostovale za izpolnjevanje zahtev
Daraufhin revolutionierten Dampf und Maschinen die industrielle Produktion
Nato so para in stroji revolucionirali industrijsko proizvodnjo
An die Stelle der Manufaktur trat der Riese, die moderne Industrie
Mesto proizvodnje je prevzela velikan, sodobna industrija
An die Stelle des industriellen Mittelstandes traten industrielle Millionäre
mesto industrijskega srednjega razreda so prevzeli industrijski milijonarji
an die Stelle der Führer ganzer Industriearmeen trat die moderne Bourgeoisie
mesto voditeljev celotnih industrijskih vojsk je prevzela sodobna buržoazija
die Entdeckung Amerikas ebnete der modernen Industrie den Weg zur Etablierung des Weltmarktes
odkritje Amerike je utrlo pot sodobni industriji, da vzpostavi svetovni trg

Dieser Markt gab dem Handel, der Schifffahrt und der Kommunikation auf dem Landweg eine ungeheure Entwicklung

Ta trg je omogočil ogromen razvoj trgovine, plovbe in komunikacije po kopnem

Diese Entwicklung hat seinerzeit auf die Ausdehnung der Industrie reagiert

Ta razvoj se je v svojem času odzval na širitev industrije

Sie reagierte in dem Maße, wie sich die Industrie ausbreitete, und wie sich Handel, Schiffahrt und Eisenbahn ausdehnten

odzval se je sorazmerno s tem, kako se je industrija razširila in kako so se trgovina, plovba in železnice razširile

in demselben Maße, in dem sich die Bourgeoisie entwickelte, vermehrte sie ihr Kapital

v enakem razmerju, v katerem se je razvila buržoazija, so povečali svoj kapital

und das Bourgeoisie drängte jede aus dem Mittelalter überlieferte Klasse in den Hintergrund

in buržoazija je potisnila v ozadje vsak razred, ki se je izrekel iz srednjega veka

daher ist die moderne Bourgeoisie selbst das Produkt eines langen Entwicklungsganges

zato je sodobna buržoazija sama produkt dolgega razvoja

Wir sehen, dass es sich um eine Reihe von Revolutionen in der Produktions- und Tauschweise handelt

Vidimo, da gre za vrsto revolucij v načinih proizvodnje in izmenjave

Jeder Schritt der Bourgeoisie Entwicklung ging mit einem entsprechenden politischen Fortschritt einher

Vsak razvojni korak buržoazije je spremljal ustrezen politični napredek

Eine unterdrückte Klasse unter der Herrschaft des feudalen Adels

Zatirani razred pod vplivom fevdalnega plemstva

ein bewaffneter und selbstverwalteter Verein in der
mittelalterlichen Kommune
oboroženo in samoupravno združenje v srednjeveški komuni
hier eine unabhängige Stadtrepublik (wie in Italien und
Deutschland)
tukaj neodvisna mestna republika (kot v Italiji in Nemčiji)
dort ein steuerpflichtiger "dritter Stand" der Monarchie (wie
in Frankreich)
tam obdavčljiva "tretja lastnost" monarhije (kot v Franciji)
Danach, in der Zeit der eigentlichen Herstellung
pozneje, v obdobju lastne proizvodnje
die Bourgeoisie diente entweder der halbfeudalen oder der
absoluten Monarchie
buržoazija je služila bodisi polfevdalni ali absolutni monarhiji
oder die Bourgeoisie fungierte als Gegengewicht zum Adel
ali pa je buržoazija delovala kot protiutež plemstvu
und in der Tat war die Bourgeoisie ein Eckpfeiler der großen
Monarchien überhaupt
in dejansko je bila buržoazija temeljni kamen velikih monarhij
na splošno
aber die moderne Industrie und der Weltmarkt haben sich
seitdem etabliert
toda sodobna industrija in svetovni trg sta se od takrat
uveljavila
und die Bourgeoisie hat sich die ausschließliche politische
Herrschaft erobert
in buržoazija si je osvojila izključno politično oblast
sie erreichte diese politische Herrschaft durch den
modernen repräsentativen Staat
ta politični vpliv je dosegla prek sodobne predstavniške
države
Die Exekutive des modernen Staates ist nichts anderes als
ein Verwaltungskomitee
Izvršilni organi sodobne države so le upravni odbor
und sie leiten die gemeinsamen Angelegenheiten der
gesamten Bourgeoisie

in upravljajo skupne zadeve celotne buržoazije

Die Bourgeoisie hat historisch gesehen eine höchst revolutionäre Rolle gespielt

Buržoazija je zgodovinsko gledano igrala najbolj revolucionarno vlogo

Wo immer sie die Oberhand gewann, machte sie allen feudalen, patriarchalischen und idyllischen Verhältnissen ein Ende

Kjerkoli je dobila prevlado, je končala vse fevdalne, patriarhalne in idilične odnose

Sie hat erbarmungslos die bunten feudalen Bande zerrissen, die den Menschen an seine "natürlichen Vorgesetzten" banden

Neusmiljeno je raztrgala pestre fevdalne vezi, ki so človeka povezovale z njegovimi »naravnimi nadrejenimi«

Und es ist kein Nexus zwischen Mensch und Mensch übrig geblieben, außer nacktem Eigeninteresse

in ni ostala nobena povezava med človekom in človekom, razen golega lastnega interesa

Die Beziehungen der Menschen zueinander sind zu nichts anderem geworden als zu einer gefühllosen "Geldzahlung"

Človeški odnosi med seboj niso postali nič drugega kot brezobzirno »gotovinsko plačilo«

Sie hat die himmlischsten Ekstasen religiöser Inbrunst ertränkt

Utopila je najbolj nebeške ekstaze verske gorečnosti

sie hat ritterlichen Enthusiasmus und philiströsen Sentimentalismus übertönt

utopil je viteško navdušenje in meščanski sentimentalizem

Sie hat diese Dinge im eisigen Wasser des egoistischen Kalküls ertränkt

Te stvari je utopil v ledeni vodi egoistične preračunljivosti

Sie hat den persönlichen Wert in Tauschwert aufgelöst

Osebno vrednost je spremenila v zamenljivo vrednost

Sie hat die zahllosen und unveräußerlichen verbrieften Freiheiten ersetzt

nadomestila je nešteto in neodtujljivih svoboščin
und sie hat eine einzige, skrupellose Freiheit geschaffen;
Freihandel
in vzpostavila je enotno, nevestno svobodo; Prosta trgovina
Mit einem Wort, sie hat dies für die Ausbeutung getan
Z eno besedo, to je storila za izkoriščanje
Ausbeutung, verschleiert durch religiöse und politische
Illusionen
izkoriščanje, zakrito z verskimi in političnimi iluzijami
Ausbeutung verschleiert durch nackte, schamlose, direkte,
brutale Ausbeutung
izkoriščanje, zastrto z golim, nesramnim, neposrednim,
brutalnim izkoriščanjem
die Bourgeoisie hat den Heiligenschein von jedem zuvor
geehrten und verehrten Beruf abgestreift
buržoazija je odstranila oreol z vsakega prej častnega in
spoštovanega poklica
der Arzt, der Advokat, der Priester, der Dichter und der
Mann der Wissenschaft
zdravnik, odvetnik, duhovnik, pesnik in človek znanosti
Sie hat diese ausgezeichneten Arbeiter in ihre bezahlten
Lohnarbeiter verwandelt
te ugledne delavce je spremenila v plačane mezdne delavce
Die Bourgeoisie hat der Familie den sentimentalen Schleier
weggerissen
Buržoazija je odtrgala sentimentalno tančico od družine
Und sie hat das Familienverhältnis auf ein bloßes
Geldverhältnis reduziert
in družinsko razmerje je zmanjšalo na zgolj denarno razmerje
die brutale Zurschaustellung der Kraft im Mittelalter, die
die Reaktionäre so sehr bewundern
brutalni prikaz moči v srednjem veku, ki ga reakcionisti tako
občudujejo
Auch diese fand ihre passende Ergänzung in der trägesten
Trägheit

Tudi to je našlo svoje primerno dopolnilo v najbolj lenobni lenobnosti

Die Bourgeoisie hat enthüllt, wie es dazu gekommen ist

Buržoazija je razkrila, kako se je vse to zgodilo

Die Bourgeoisie war die erste, die gezeigt hat, was die Tätigkeit des Menschen bewirken kann

Buržoazija je bila prva, ki je pokazala, kaj lahko prinese človeška dejavnost

Sie hat Wunder vollbracht, die ägyptische Pyramiden, römische Aquädukte und gotische Kathedralen bei weitem übertreffen

Dosegel je čudeže, ki daleč presegajo egipčanske piramide, rimske akvadukte in gotske stolnice

und sie hat Expeditionen durchgeführt, die alle früheren Auszüge von Nationen und Kreuzzügen in den Schatten stellten

in izvajala je odprave, ki so zasenčile vse prejšnje eksoduse narodov in križarske vojne

Die Bourgeoisie kann nicht existieren, ohne die Produktionsmittel ständig zu revolutionieren

Buržoazija ne more obstajati, ne da bi nenehno revolucionirala proizvodne instrumente

und damit kann sie nicht ohne ihre Beziehungen zur Produktion existieren

in zato ne more obstajati brez svojih odnosov do proizvodnje

und deshalb kann sie nicht ohne ihre Beziehungen zur Gesellschaft existieren

in zato ne more obstajati brez svojih odnosov do družbe

Alle früheren Industrieklassen hatten eine Bedingung gemeinsam

Vsi prejšnji industrijski razredi so imeli en skupni pogoj

Sie setzten auf die Bewahrung der alten Produktionsweisen

zanašali so se na ohranjanje starih načinov proizvodnje

aber die Bourgeoisie brachte eine völlig neue Dynamik mit sich

vendar je buržoazija s seboj prinesla popolnoma novo dinamiko

Ständige Revolutionierung der Produktion und ununterbrochene Störung aller gesellschaftlichen Verhältnisse

Nenehno revolucioniranje proizvodnje in neprekinjeno motenje vseh družbenih razmer

diese immerwährende Unsicherheit und Unruhe unterscheidet die Epoche der Bourgeoisie von allen früheren

ta večna negotovost in vznemirjenost ločuje buržoazno obdobje od vseh prejšnjih

Die bisherigen Beziehungen zur Produktion waren mit alten und ehrwürdigen Vorurteilen und Meinungen verbunden

prejšnji odnosi s proizvodnjo so prišli s starodavnimi in častitljivimi predsodki in mnenji

Aber all diese festgefahrenen, eingefrorenen Beziehungen werden hinweggefegt

Toda vsi ti fiksni, hitro zamrznjeni odnosi so odstranjeni

Alle neu gebildeten Verhältnisse werden antiquiert, bevor sie erstarren können

Vsi novonastali odnosi postanejo zastareli, preden lahko okostenejo

Alles, was fest ist, zerschmilzt in Luft, und alles, was heilig ist, wird entweiht

Vse, kar je trdno, se stopi v zrak in vse, kar je sveto, je oskrunjeno

Der Mensch ist endlich gezwungen, mit nüchternen Sinnen seinen wirklichen Lebensbedingungen ins Auge zu sehen

človek je končno prisiljen soočiti se s svojimi resničnimi življenjskimi pogoji s treznimi čuti

und er ist gezwungen, sich seinen Beziehungen zu seinesgleichen zu stellen

in prisiljen je soočiti se s svojimi odnosi s svojo vrsto

Die Bourgeoisie muss ständig ihre Märkte für ihre Produkte erweitern

Buržoazija mora nenehno širiti svoje trge za svoje izdelke

und deshalb wird die Bourgeoisie über die ganze Erdoberfläche gejagt

in zaradi tega buržoazijo preganjajo po celotni površini sveta

Die Bourgeoisie muss sich überall einnisten, sich überall niederlassen, überall Verbindungen herstellen

Buržoazija se mora povsod ugnezditi, povsod naseliti, povsod vzpostaviti povezave

Die Bourgeoisie muss in jedem Winkel der Welt Märkte schaffen, um sie auszubeuten

Buržoazija mora ustvariti trge v vsakem kotičku sveta, ki ga bo lahko izkoriščala

Die Produktion und der Konsum in jedem Land haben einen kosmopolitischen Charakter erhalten

proizvodnja in poraba v vsaki državi sta dobili svetovljanski značaj

der Verdruss der Reaktionäre ist mit Händen zu greifen, aber er hat sich trotzdem fortgesetzt

žalost reakcionistov je otipljiva, vendar se je kljub temu nadaljevala

Die Bourgeoisie hat der Industrie den nationalen Boden, auf dem sie stand, unter den Füßen weggezogen

Buržoazija je izpod nog industrije potegnila nacionalno podlago, na kateri je stala

Alle alteingesessenen nationalen Industrien sind zerstört worden oder werden täglich zerstört

Vse stare nacionalne industrije so bile uničene ali pa se uničujejo vsak dan

Alle alteingesessenen nationalen Industrien werden durch neue Industrien verdrängt

vse stare nacionalne industrije so izrinjene z novimi industrijami

Ihre Einführung wird zu einer Frage von Leben und Tod für alle zivilisierten Völker

njihova uvedba postane vprašanje življenja in smrti za vse civilizirane narode

Sie werden von Industrien verdrängt, die keine heimischen Rohstoffe mehr verarbeiten

izrinjajo jih industrije, ki ne obdelujejo več domačih surovin

Stattdessen beziehen diese Industrien Rohstoffe aus den entlegensten Zonen

namesto tega te industrije črpajo surovine iz najbolj oddaljenih območij

Industrien, deren Produkte nicht nur zu Hause, sondern in allen Teilen der Welt konsumiert werden

industrije, katerih izdelki se porabijo, ne samo doma, ampak v vseh delih sveta

An die Stelle der alten Bedürfnisse, die durch die Erzeugnisse des Landes befriedigt werden, treten neue Bedürfnisse

Namesto starih potreb, zadovoljenih s proizvodnjo države, najdemo nove želje

Diese neuen Bedürfnisse bedürfen zu ihrer Befriedigung der Produkte aus fernen Ländern und Klimazonen

Te nove potrebe za svoje zadovoljevanje zahtevajo izdelke oddaljenih dežel in podnebja

An die Stelle der alten lokalen und nationalen Abgeschiedenheit und Selbstversorgung tritt der Handel

Namesto stare lokalne in nacionalne osamljenosti in samozadostnosti imamo trgovino

internationaler Austausch in alle Richtungen; universelle Interdependenz der Nationen

mednarodna izmenjava v vseh smereh; univerzalna soodvisnost narodov

Und so wie wir von Materialien abhängig sind, so sind wir von der intellektuellen Produktion abhängig

in tako kot smo odvisni od materialov, smo odvisni od intelektualne proizvodnje

Die geistigen Schöpfungen der einzelnen Nationen werden zum Gemeingut

Intelektualne stvaritve posameznih narodov postanejo skupna lastnina

Nationale Einseitigkeit und Engstirnigkeit werden immer unmöglicher
Nacionalna enostranskost in ozkoglednost postajata vse bolj nemogoča
Und aus den zahlreichen nationalen und lokalen Literaturen entsteht eine Weltliteratur
in iz številnih nacionalnih in lokalnih literatur izhaja svetovna literatura
durch die rasche Verbesserung aller Produktionsmittel
s hitrim izboljšanjem vseh proizvodnih instrumentov
durch die immens erleichterten Kommunikationsmittel
z izjemno olajšanimi komunikacijskimi sredstvi
Die Bourgeoisie zieht alle (auch die barbarischsten Nationen) in die Zivilisation hinein
Buržoazija v civilizacijo pritegne vse (tudi najbolj barbarske narode)
Die billigen Preise seiner Waren; die schwere Artillerie, die alle chinesischen Mauern niederreißt
Nizke cene njenega blaga; težko topništvo, ki ruši vse kitajske zidove
Der hartnäckige Fremdenhass der Barbaren wird zur Kapitulation gezwungen
Močno trmasto sovraštvo barbarov do tujcev je prisiljeno kapitulirati
Sie zwingt alle Nationen, unter Androhung des Aussterbens, die Bourgeoisie Produktionsweise anzunehmen
Prisili vse narode, da pod grožnjo izumrtja sprejmejo buržoazijski način proizvodnje
Sie zwingt sie, das, was sie Zivilisation nennt, in ihre Mitte einzuführen
prisili jih, da v svojo sredino uvedejo tisto, kar imenuje civilizacija
Die Bourgeoisie zwingt die Barbaren, selbst zur Bourgeoisie zu werden
Buržoazija prisili barbare, da sami postanejo buržoazija

mit einem Wort, die Bourgeoisie schafft sich eine Welt nach ihrem Bilde

z eno besedo, buržoazija ustvarja svet po svoji podobi

Die Bourgeoisie hat das Land der Herrschaft der Städte unterworfen

Buržoazija je podeželje podredila vladavini mest

Sie hat riesige Städte geschaffen und die Stadtbevölkerung stark vergrößert

Ustvaril je ogromna mesta in močno povečal mestno prebivalstvo

Sie rettete einen beträchtlichen Teil der Bevölkerung vor der Idiotie des Landlebens

rešila je precejšen del prebivalstva pred idiotizmom podeželskega življenja

Aber sie hat die Menschen auf dem Lande von den Städten abhängig gemacht

vendar so tisti na podeželju postali odvisni od mest

Und ebenso hat sie die barbarischen Länder von den zivilisierten abhängig gemacht

prav tako so barbarske države postale odvisne od civiliziranih

Bauernnationen gegen Völker der Bourgeoisie, Osten gegen Westen

narodi kmetov na narodih buržoazije, vzhod na zahodu

Die Bourgeoisie beseitigt den zerstreuten Zustand der Bevölkerung mehr und mehr

Buržoazija vse bolj odpravlja razpršeno stanje prebivalstva

Sie hat die Produktion agglomeriert und das Eigentum in wenigen Händen konzentriert

Ima aglomerirano proizvodnjo in koncentrirano lastnino v nekaj rokah

Die notwendige Konsequenz daraus war eine politische Zentralisierung

Nujna posledica tega je bila politična centralizacija

Es gab unabhängige Nationen und lose miteinander verbundene Provinzen

obstajali so neodvisni narodi in ohlapno povezane province

Sie hatten getrennte Interessen, Gesetze, Regierungen und Steuersysteme

imeli so ločene interese, zakone, vlade in davčne sisteme

Aber sie sind zu einer Nation zusammengeschmolzen, mit einer Regierung

vendar so postali združeni v en narod, z eno vlado

Sie haben jetzt ein nationales Klasseninteresse, eine Grenze und einen Zolltarif

zdaj imajo en nacionalni razredni interes, eno mejo in eno carinsko tarifo

Und dieses nationale Klasseninteresse ist unter einem Gesetzbuch vereinigt

in ta nacionalni razredni interes je združen v enem samem pravnem zakoniku

die Bourgeoisie hat während ihrer knapp hundertjährigen Herrschaft viel erreicht

buržoazija je dosegla veliko v svoji vladavini, ki je trajala komaj sto let

massivere und kolossalere Produktivkräfte als alle vorhergehenden Generationen zusammen

bolj masivne in ogromne proizvodne sile kot vse prejšnje generacije skupaj

Die Kräfte der Natur sind dem Willen des Menschen und seiner Maschinerie unterworfen

Naravne sile so podrejene volji človeka in njegovih strojev

Die Chemie wird auf alle Industrieformen und Landwirtschaftsformen angewendet

Kemija se uporablja v vseh oblikah industrije in vrstah kmetijstva

Dampfschiffahrt, Eisenbahnen, elektrische Telegraphen und die Druckerpresse

parna plovba, železnice, električni telegrafi in tiskarski stroj

Rodung ganzer Kontinente für den Anbau, Kanalisierung von Flüssen

čiščenje celih celin za pridelavo, kanalizacija rek

ganze Populationen wurden aus dem Boden gezaubert und an die Arbeit gebracht

Cele populacije so bile pričarane iz tal in dane na delo

Welches frühere Jahrhundert hatte auch nur eine Ahnung von dem, was entfesselt werden könnte?

Katero prejšnje stoletje je imelo celo slutnjo o tem, kaj bi se lahko sprožilo?

Wer hat vorausgesagt, dass solche Produktivkräfte im Schoß der gesellschaftlichen Arbeit schlummern?

Kdo je napovedal, da bodo takšne proizvodne sile dremale v naročju družbenega dela?

Wir sehen also, daß die Produktions- und Tauschmittel in der feudalen Gesellschaft erzeugt wurden

Vidimo, da so proizvodna in menjalna sredstva nastala v fevdalni družbi

die Produktionsmittel, auf deren Grundlage sich die Bourgeoisie aufbaute

proizvodna sredstva, na katerih temeljih se je gradila buržoazija

Auf einer bestimmten Stufe der Entwicklung dieser Produktions- und Tauschmittel

Na določeni stopnji razvoja teh proizvodnih in menjalnih sredstev

die Bedingungen, unter denen die feudale Gesellschaft produzierte und tauschte

pogoje, pod katerimi je fevdalna družba proizvajala in izmenjevala

Die feudale Organisation der Landwirtschaft und des verarbeitenden Gewerbes

Fevdalna organizacija kmetijstva in predelovalne industrije

Die feudalen Eigentumsverhältnisse waren mit den materiellen Verhältnissen nicht mehr vereinbar

fevdalna lastninska razmerja niso bila več združljiva z materialnimi razmerami

Sie mussten gesprengt werden, also wurden sie auseinandergesprengt

Morali so jih razbiti, zato so jih razpadli

An ihre Stelle trat die freie Konkurrenz der Produktivkräfte

Na njihovo mesto je stopila svobodna konkurenca proizvodnih sil

Und sie wurden von einer ihr angepassten sozialen und politischen Verfassung begleitet

spremljala jih je družbena in politična ustava, ki je bila prilagojena temu

und sie wurde begleitet von der ökonomischen und politischen Herrschaft der Bourgeoisie Klasse

spremljal ga je gospodarski in politični vpliv buržoaznega razreda

Eine ähnliche Bewegung vollzieht sich vor unseren eigenen Augen

Podobno gibanje se dogaja pred našimi očmi

Die moderne Bourgeoisie Gesellschaft mit ihren Produktions-, Tausch- und Eigentumsverhältnissen

Sodobna buržoazna družba s svojimi proizvodnimi in menjalnimi razmerji

eine Gesellschaft, die so gigantische Produktions- und Tauschmittel heraufbeschworen hat

družbo, ki je pričarala tako velikanska proizvodna in menjalna sredstva

Es ist wie der Zauberer, der die Mächte der Unterwelt heraufbeschworen hat

To je kot čarovnik, ki je priklical moči podzemnega sveta

Aber er ist nicht mehr in der Lage, zu kontrollieren, was er in die Welt gebracht hat

vendar ni več sposoben nadzorovati tega, kar je prinesel na svet

Viele Jahrzehnte lang war die vergangene Geschichte durch einen roten Faden miteinander verbunden

Več desetletij je bila zgodovina povezana s skupno nitjo

Die Geschichte der Industrie und des Handels ist nichts anderes als die Geschichte der Revolten

zgodovina industrije in trgovine je bila le zgodovina uporov

die Revolten der modernen Produktivkräfte gegen die
modernen Produktionsbedingungen
upori sodobnih proizvodnih sil proti sodobnim proizvodnim
pogojem
die Revolten der modernen Produktivkräfte gegen die
Eigentumsverhältnisse
upori sodobnih proizvodnih sil proti lastninskim razmerjem
diese Eigentumsverhältnisse sind die Bedingungen für die
Existenz der Bourgeoisie
ta lastninska razmerja so pogoj za obstoj buržoazije
und die Existenz der Bourgeoisie bestimmt die Regeln der
Eigentumsverhältnisse
obstoj buržoazije pa določa pravila za lastninska razmerja
Es genügt, die periodische Wiederkehr von Handelskrisen
zu erwähnen
dovolj je omeniti občasno vračanje komercialnih kriz
jede Handelskrise ist für die Bourgeoisie Gesellschaft
bedrohlicher als die letzte
vsaka komercialna kriza bolj ogroža buržoazno družbo kot
prejšnja
In diesen Krisen wird ein großer Teil der bestehenden
Produkte vernichtet
V teh krizah je velik del obstoječih proizvodov uničen
Diese Krisen zerstören aber auch die zuvor geschaffenen
Produktivkräfte
Toda te krize uničujejo tudi prej ustvarjene proizvodne sile
In allen früheren Epochen wären diese Epidemien als
Absurdität erschienen
V vseh prejšnjih obdobjih bi se te epidemije zdele absurdne
denn diese Epidemien sind die kommerziellen Krisen der
Überproduktion
ker so te epidemije komercialne krize prekomerne proizvodnje
Die Gesellschaft befindet sich plötzlich wieder in einem
Zustand der momentanen Barbarei
Družba se nenadoma znajde nazaj v stanju trenutnega
barbarstva

als ob ein allgemeiner Verwüstungskrieg jede Möglichkeit des Lebensunterhalts abgeschnitten hätte

kot da bi univerzalna opustošena vojna odrezala vsa sredstva za preživetje

Industrie und Handel scheinen zerstört worden zu sein; Und warum?

Zdi se, da sta bila industrija in trgovina uničena; In zakaj?

Weil es zu viel Zivilisation und Subsistenzmittel gibt

Ker je preveč civilizacije in sredstev za preživetje

Und weil es zu viel Industrie und zu viel Handel gibt

in ker je preveč industrije in preveč trgovine

Die Produktivkräfte, die der Gesellschaft zur Verfügung stehen, entwickeln nicht mehr das Bourgeoisie Eigentum

Proizvodne sile, ki so na voljo družbi, ne razvijajo več buržoazne lastnine

im Gegenteil, sie sind zu mächtig geworden für diese Verhältnisse, durch die sie gefesselt sind

nasprotno, postali so preveč močni za te pogoje, zaradi katerih so omejeni

sobald sie diese Fesseln überwunden haben, bringen sie Unordnung in die ganze Bourgeoisie Gesellschaft

takoj, ko premagajo te okove, vnesejo nered v celotno buržoazno družbo

und die Produktivkräfte gefährden die Existenz des Bourgeoisie Eigentums

proizvodne sile pa ogrožajo obstoj buržoazne lastnine

Die Bedingungen der Bourgeoisie Gesellschaft sind zu eng, um den von ihnen geschaffenen Reichtum zu erfassen

Pogoji buržoazne družbe so preozki, da bi zajeli bogastvo, ki so ga ustvarili

Und wie überwindet die Bourgeoisie diese Krisen?

In kako buržoazija premaga te krize?

Einerseits überwindet sie diese Krisen durch die erzwungene Vernichtung einer Masse von Produktivkräften

Po eni strani te krize premaguje s prisilnim uničenjem množice proizvodnih sil

Andererseits überwindet sie diese Krisen durch die Eroberung neuer Märkte

po drugi strani pa te krize premaguje z osvajanjem novih trgov

Und sie überwindet diese Krisen durch die gründlichere Ausbeutung der alten Produktivkräfte

in te krize premaguje s temeljitejšim izkoriščanjem starih proizvodnih sil

Das heißt, indem sie den Weg für umfangreichere und zerstörerischere Krisen ebnen

To pomeni, da utirajo pot obsežnejšim in bolj uničujočim krizam

Sie überwindet die Krise, indem sie die Mittel zur Krisenprävention einschränkt

krizo premaguje z zmanjšanjem sredstev za preprečevanje kriz

Die Waffen, mit denen die Bourgeoisie den Feudalismus zu Fall brachte, sind jetzt gegen sich selbst gerichtet

Orožje, s katerim je buržoazija podrla fevdalizem na tla, je zdaj obrnjeno proti sebi

Aber die Bourgeoisie hat nicht nur die Waffen geschmiedet, die sich selbst den Tod bringen

Toda ne samo, da je buržoazija skovala orožje, ki sebi prinaša smrt

Sie hat auch die Männer ins Leben gerufen, die diese Waffen führen sollen

Prav tako je poklical v obstoj moške, ki naj bi nosili to orožje

Und diese Männer sind die moderne Arbeiterklasse; Sie sind die Proletarier

in ti ljudje so sodobni delavski razred; To so proletarci

In dem Maße, wie die Bourgeoisie entwickelt ist, entwickelt sich auch das Proletariat

Sorazmerno z razvojem buržoazije se v enakem razmerju razvija proletariat

Die moderne Arbeiterklasse entwickelte eine Klasse von Arbeitern

Sodobni delavski razred je razvil razred delavcev

Diese Klasse von Arbeitern lebt nur so lange, wie sie Arbeit findet

Ta razred delavcev živi le tako dolgo, dokler najdejo delo

Und sie finden nur so lange Arbeit, wie ihre Arbeit das Kapital vermehrt

in delo najdejo le, dokler njihovo delo povečuje kapital

Diese Arbeiter, die sich stückweise verkaufen müssen, sind eine Ware

Ti delavci, ki se morajo prodajati po kosih, so blago

Diese Arbeiter sind wie jeder andere Handelsartikel

Ti delavci so kot vsak drug trgovski artikel

und sie sind folglich allen Wechselfällen des Wettbewerbs ausgesetzt

in zato so izpostavljeni vsem spremenljivim spremembam konkurence

Sie müssen alle Schwankungen des Marktes überstehen

Prebroditi morajo vsa nihanja na trgu

Aufgrund des umfangreichen Maschineneinsatzes und der Arbeitsteilung

Zaradi obsežne uporabe strojev in delitve dela

Die Arbeit der Proletarier hat jeden individuellen Charakter verloren

Delo proletarcev je izgubilo ves individualni značaj

Und folglich hat die Arbeit der Proletarier für den Arbeiter jeden Reiz verloren

in posledično je delo proletarcev izgubilo ves čar za delavca

Er wird zu einem Anhängsel der Maschine und nicht mehr zu dem Mann, der er einmal war

Postane privesek stroja, ne pa človek, ki je nekoč bil

Nur das einfachste, eintönigste und am leichtesten zu erwerbende Geschick wird von ihm verlangt

od njega se zahteva le najbolj preprosta, monotona in najlažje pridobljena spretnost

Daher sind die Produktionskosten eines Arbeiters begrenzt

Zato so stroški proizvodnje delavca omejeni

sie beschränkt sich fast ausschließlich auf die Mittel zur
Bestreitung des Lebensunterhalts, die er zu seinem
Unterhalt benötigt

skoraj v celoti je omejena na sredstva za preživljanje, ki jih
potrebuje za svoje preživljanje

und sie beschränkt sich auf die Subsistenzmittel, die er zur
Fortpflanzung seiner Rasse benötigt

in omejena je na sredstva za preživljanje, ki jih potrebuje za
razmnoževanje svoje rase

Aber der Preis einer Ware, also auch der Arbeit, ist gleich
ihren Produktionskosten

Toda cena blaga in s tem tudi dela je enaka njegovim
proizvodnim stroškom

In dem Maße also, wie die Widerwärtigkeit der Arbeit
zunimmt, sinkt der Lohn

Sorazmerno s povečanjem odvratnosti dela se torej plača
zmanjšuje

Ja, die Widerwärtigkeit seiner Arbeit nimmt sogar noch
mehr zu

Ne, odvratnost njegovega dela narašča s še večjo hitrostjo

In dem Maße, wie der Einsatz von Maschinen und die
Arbeitsteilung zunehmen, steigt auch die Last der Arbeit

Z naraščanjem uporabe strojev in delitve dela se povečuje tudi
breme truda

Die Arbeitsbelastung wird durch die Verlängerung der
Arbeitszeit erhöht

breme truda se poveča s podaljšanjem delovnega časa

Dem Arbeiter wird in der gleichen Zeit mehr zugemutet als
zuvor

od delavca se pričakuje več v istem času kot prej

Und natürlich wird die Last der Arbeit durch die
Geschwindigkeit der Maschinerie erhöht

in seveda se breme truda poveča s hitrostjo strojev

Die moderne Industrie hat die kleine Werkstatt des
patriarchalischen Meisters in die große Fabrik des
industriellen Kapitalisten verwandelt

Sodobna industrija je majhno delavnico patriarhalnega mojstra
spremenila v veliko tovarno industrijskega kapitalista
**Massen von Arbeitern, die in die Fabrik gedrängt sind, sind
wie Soldaten organisiert**
Množice delavcev, ki so natrpane v tovarni, so organizirane
kot vojaki
**Als Gefreite der Industriearmee stehen sie unter dem
Kommando einer vollkommenen Hierarchie von Offizieren
und Unteroffizieren**
Kot vojaki industrijske vojske so pod poveljstvom popolne
hierarhije častnikov in narednikov
**sie sind nicht nur die Sklaven der Bourgeoisie und des
Staates**
niso le sužnji buržoazijskega razreda in države
**Aber sie werden auch täglich und stündlich von der
Maschine versklavt**
vendar so tudi vsak dan in vsako uro zasužnjeni s strojem
**sie sind Sklaven des Aufsehers und vor allem des einzelnen
Bourgeoisie Fabrikanten selbst**
zasužnjeni so s strani opazovalca in predvsem s strani
posameznega buržoaznega proizvajalca
**Je offener dieser Despotismus den Gewinn als seinen Zweck
und sein Ziel proklamiert, desto kleinlicher, verhaßter und
verbitterender ist er**
Bolj ko odkrito ta despotizem razglaša dobiček za svoj cilj in
cilj, bolj je majhen, bolj sovražen in bolj zagrenjen
**Je mehr sich die moderne Industrie entwickelt, desto
geringer sind die Unterschiede zwischen den Geschlechtern**
bolj ko se razvije sodobna industrija, manjše so razlike med
spoloma
**Je geringer die Geschicklichkeit und Kraftanstrengung der
Handarbeit ist, desto mehr wird die Arbeit der Männer von
der der Frauen verdrängt**
Manj spretnosti in moči, ki jo vključuje ročno delo, bolj je delo
moških nadomeščeno z delom žensk

Alters- und Geschlechtsunterschiede haben für die Arbeiterklasse keine besondere gesellschaftliche Gültigkeit mehr

Razlike med starostjo in spolom nimajo več nobene posebne družbene veljavnosti za delavski razred

Alle sind Arbeitsinstrumente, die je nach Alter und Geschlecht mehr oder weniger teuer zu gebrauchen sind

Vsi so delovna orodja, ki so bolj ali cenejši za uporabo, glede na njihovo starost in spol

sobald der Arbeiter seinen Lohn in bar erhält, wird er von den übrigen Teilen der Bourgeoisie angegriffen

takoj, ko delavec prejme plačo v gotovini, ga določijo drugi deli buržoazije

der Vermieter, der Ladenbesitzer, der Pfandleiher usw

najemodajalca, trgovca, zastavljalca itd

Die unteren Schichten der Mittelschicht; die kleinen Handwerker und Ladenbesitzer

Nižji sloji srednjega razreda; mali obrtniki in trgovci

die pensionierten Gewerbetreibenden überhaupt, die Handwerker und Bauern

upokojeni obrtniki na splošno ter rokodelci in kmetje

all dies sinkt allmählich in das Proletariat ein

vse to se postopoma potopi v proletariat

theils deshalb, weil ihr winziges Kapital nicht ausreicht für den Maßstab, in dem die moderne Industrie betrieben wird

deloma zato, ker njihov majhen kapital ne zadostuje za obseg, v katerem se izvaja sodobna industrija

und weil sie in der Konkurrenz mit den Großkapitalisten überschwemmt wird

in ker je preplavljena v konkurenci z velikimi kapitalisti

zum Teil deshalb, weil ihr spezialisiertes Können durch die neuen Produktionsmethoden wertlos wird

deloma zato, ker je njihova specializirana spretnost zaradi novih proizvodnih metod postala ničvredna

So rekrutiert sich das Proletariat aus allen Klassen der Bevölkerung

Tako se proletariat rekrutira iz vseh razredov prebivalstva
Das Proletariat durchläuft verschiedene Entwicklungsstufen
Proletariat gre skozi različne stopnje razvoja
Mit ihrer Geburt beginnt der Kampf mit der Bourgeoisie
Z njenim rojstvom se začne boj z buržoazijo
Zuerst wird der Kampf von einzelnen Arbeitern geführt
Sprva tekmovanje vodijo posamezni delavci
Dann wird der Kampf von den Arbeitern einer Fabrik ausgetragen
nato tekmovanje izvajajo delavci tovarne
Dann wird der Kampf von den Arbeitern eines Gewerbes an einem Ort ausgetragen
nato tekmovanje vodijo delavci ene obrti, v enem kraju
und der Kampf richtet sich dann gegen die einzelne Bourgeoisie, die sie direkt ausbeutet
in tekmovanje je nato proti posamezni buržoaziji, ki jih neposredno izkorišča
Sie richten ihre Angriffe nicht gegen die Bourgeoisie Produktionsbedingungen
Svojih napadov ne usmerjajo proti buržoaznim proizvodnim pogojem
aber sie richten ihren Angriff gegen die Produktionsmittel selbst
vendar svoj napad usmerjajo proti samim proizvodnim instrumentom
Sie vernichten importierte Waren, die mit ihrer Arbeitskraft konkurrieren
Uničujejo uvoženo blago, ki tekmuje z njihovim delom
Sie zertrümmern Maschinen und setzen Fabriken in Brand
razbijejo stroje na koščke in zažgejo tovarne
sie versuchen, den verschwundenen Status des Arbeiters des Mittelalters mit Gewalt wiederherzustellen
s silo poskušajo obnoviti izginuli status srednjeveškega delavca

In diesem Stadium bilden die Arbeiter noch eine unzusammenhängende Masse, die über das ganze Land verstreut ist

Na tej stopnji delavci še vedno tvorijo nekoherentno maso, razpršeno po vsej državi

und sie werden durch ihre gegenseitige Konkurrenz zerrissen

in jih razbije medsebojna konkurenca

Wenn sie sich irgendwo zu kompakteren Körpern vereinigen, so ist dies noch nicht die Folge ihrer eigenen aktiven Vereinigung

Če se kjerkoli združijo v bolj kompaktna telesa, to še ni posledica njihove lastne aktivne zveze

aber es ist eine Folge der Vereinigung der Bourgeoisie, ihre eigenen politischen Ziele zu erreichen

vendar je posledica združitve buržoazije, da doseže svoje politične cilje

die Bourgeoisie ist gezwungen, das ganze Proletariat in Bewegung zu setzen

buržoazija je prisiljena sprožiti celoten proletariat

und überdies ist die Bourgeoisie eine Zeitlang dazu in der Lage

in še več, buržoazija je za nekaj časa sposobna to storiti

In diesem Stadium kämpfen die Proletarier also nicht gegen ihre Feinde

Na tej stopnji se torej proletarci ne borijo proti svojim sovražnikom

Stattdessen kämpfen sie gegen die Feinde ihrer Feinde

ampak namesto tega se borijo proti sovražnikom svojih sovražnikov

Der Kampf gegen die Überreste der absoluten Monarchie und die Großgrundbesitzer

boj proti ostankom absolutne monarhije in lastnikom zemljišč

sie bekämpfen die nicht-industrielle Bourgeoisie; das Kleiliche Bourgeoisie

borijo se proti neindustrijski buržoaziji; drobna buržoazija

So ist die ganze historische Bewegung in den Händen der
Bourgeoisie konzentriert
Tako je celotno zgodovinsko gibanje skoncentrirano v rokah
buržoazije
jeder so errungene Sieg ist ein Sieg der Bourgeoisie
vsaka tako dosežena zmaga je zmaga buržoazije
Aber mit der Entwicklung der Industrie wächst nicht nur die
Zahl des Proletariats
Toda z razvojem industrije se proletariat ne povečuje le v
številu
das Proletariat konzentriert sich in größeren Massen und
seine Kraft wächst
proletariat se koncentrira v večjih množicah in njegova moč
raste
und das Proletariat spürt diese Kraft mehr und mehr
in proletariat čuti to moč vedno bolj
Die verschiedenen Interessen und Lebensbedingungen in
den Reihen des Proletariats gleichen sich mehr und mehr an
Različni interesi in življenjske razmere v vrstah proletariata so
vse bolj izenačeni
sie werden in dem Maße größer, wie die Maschinerie alle
Unterschiede der Arbeit verwischt
postajajo bolj sorazmerno s stroji izbrisati vse razlike med
delom
Und die Maschinen senken fast überall die Löhne auf das
gleiche niedrige Niveau
in stroji skoraj povsod znižajo plače na enako nizko raven
Die wachsende Konkurrenz der Bourgeoisie und die daraus
resultierenden Handelskrisen lassen die Löhne der Arbeiter
immer schwankender
Zaradi naraščajoče konkurence med buržoazijo in posledične
trgovinske krize so plače delavcev vse bolj nihajoče
Die unaufhörliche Verbesserung der sich immer schneller
entwickelnden Maschinen macht ihren Lebensunterhalt
immer prekärer

Zaradi nenehnega izboljševanja strojev, ki se vedno hitreje
razvijajo, je njihovo preživetje vse bolj negotovo

**die Kollisionen zwischen einzelnen Arbeitern und
einzelnen Bourgeoisien nehmen immer mehr den Charakter
von Zusammenstößen zwischen zwei Klassen an**

trki med posameznimi delavci in posamezno buržoazijo imajo
vse bolj značaj trkov med dvema razredoma

**Darauf beginnen die Arbeiter, sich gegen die Bourgeoisie zu
verbünden (Gewerkschaften)**

Nato se delavci začnejo združevati (sindikati) proti buržoaziji

Sie schließen sich zusammen, um die Löhne hoch zu halten

združujejo se, da bi ohranili stopnjo plač

**sie gründeten ständige Vereinigungen, um für diese
gelegentlichen Revolten im voraus Vorsorge zu treffen**

našli so stalna združenja, da bi vnaprej poskrbeli za te občasne
upore

Hier und da bricht der Wettkampf in Ausschreitungen aus

Tu in tam tekmovanje izbruhne v nemire

**Hin und wieder siegen die Arbeiter, aber nur für eine
gewisse Zeit**

Tu in tam delavci zmagajo, vendar le za nekaj časa

**Die wirkliche Frucht ihrer Kämpfe liegt nicht in den
unmittelbaren Ergebnissen, sondern in der immer größer
werdenden Vereinigung der Arbeiter**

Pravi sad njihovih bojev ni v takojšnjem rezultatu, ampak v
vedno večjem sindikatu delavcev

**Diese Vereinigung wird durch die verbesserten
Kommunikationsmittel unterstützt, die von der modernen
Industrie geschaffen werden**

K temu sindikatu pomagajo izboljšana komunikacijska
sredstva, ki jih ustvarja sodobna industrija

**Die moderne Kommunikation bringt die Arbeiter
verschiedener Orte miteinander in Kontakt**

Sodobna komunikacija postavlja delavce različnih krajev v stik
med seboj

Es war gerade dieser Kontakt, der nötig war, um die zahlreichen lokalen Kämpfe zu einem nationalen Kampf zwischen den Klassen zu zentralisieren

Ravno ta stik je bil potreben za centralizacijo številnih lokalnih bojev v en nacionalni boj med razredi

Alle diese Kämpfe haben den gleichen Charakter, und jeder Klassenkampf ist ein politischer Kampf

vsi ti boji so istega značaja in vsak razredni boj je politični boj

die Bürger des Mittelalters mit ihren elenden Landstraßen brauchten Jahrhunderte, um ihre Vereinigungen zu bilden

meščani srednjega veka s svojimi bednimi cestami so potrebovali stoletja, da so oblikovali svoje zveze

Die modernen Proletarier erreichen dank der Eisenbahn ihre Gewerkschaften innerhalb weniger Jahre

Sodobni proletarci zahvaljujoč železnicam dosežejo svoje zveze v nekaj letih

Diese Organisation der Proletarier zu einer Klasse formte sie folglich zu einer politischen Partei

Ta organizacija proletarcev v razred jih je posledično oblikovala v politično stranko

Die politische Klasse wird immer wieder durch die Konkurrenz zwischen den Arbeitern selbst verärgert

Politični razred nenehno vznemirja konkurenca med delavci samimi

Aber die politische Klasse erhebt sich weiter, stärker, fester, mächtiger

Toda politični razred se še naprej dviguje, močnejši, trdnejši, močnejši

Er zwingt zur gesetzgeberischen Anerkennung der besonderen Interessen der Arbeitnehmer

Zahteva zakonodajno priznanje posebnih interesov delavcev

sie tut dies, indem sie sich die Spaltungen innerhalb der Bourgeoisie selbst zunutze macht

to počne tako, da izkoristi delitve med buržoazijo

Damit wurde das Zehnstundengesetz in England in Kraft gesetzt

Tako je bil zakon o desetih urah v Angliji uzakonjen

in vielerlei Hinsicht ist der Zusammenstoß zwischen den Klassen der alten Gesellschaft ferner der Entwicklungsgang des Proletariats

v mnogih pogledih so trki med razredi stare družbe nadaljnji potek razvoja proletariata

Die Bourgeoisie befindet sich in einem ständigen Kampf

Buržoazija se znajde v nenehnem boju

Zuerst wird sie sich in einem ständigen Kampf mit der Aristokratie wiederfinden

Sprva se bo znašla v nenehnem boju z aristokracijo

später wird sie sich in einem ständigen Kampf mit diesen Teilen der Bourgeoisie selbst wiederfinden

kasneje se bo znašla v nenehnem boju s tistimi deli same buržoazije

und ihre Interessen werden dem Fortschritt der Industrie entgegengesetzt sein

in njihovi interesi bodo postali nasprotni napredku industrije

zu allen Zeiten werden ihre Interessen mit der Bourgeoisie fremder Länder in Konflikt geraten sein

vedno bodo njihovi interesi postali nasprotni buržoaziji tujih držav

In allen diesen Kämpfen sieht sie sich genötigt, an das Proletariat zu appellieren, und bittet es um Hilfe

V vseh teh bitkah se čuti prisiljen pritegniti proletariat in ga prosi za pomoč

Und so wird sie sich gezwungen sehen, sie in die politische Arena zu zerren

in tako se bo počutila prisiljeno, da jo povleče v politično areno

Die Bourgeoisie selbst versorgt also das Proletariat mit ihren eigenen Instrumenten der politischen und allgemeinen Erziehung

Buržoazija sama torej oskrbuje proletariat z lastnimi instrumenti politične in splošne vzgoje

mit anderen Worten, sie liefert dem Proletariat Waffen für den Kampf gegen die Bourgeoisie

z drugimi besedami, proletariat oskrbuje z orožjem za boj proti buržoaziji

Ferner werden, wie wir schon gesehen haben, ganze Schichten der herrschenden Klassen in das Proletariat hineingestürzt

Poleg tega, kot smo že videli, so celotni deli vladajočih razredov strmoglavljeni v proletariat

der Fortschritt der Industrie saugt sie in das Proletariat hinein

napredek industrije jih sesa v proletariat

oder zumindest sind sie in ihren Existenzbedingungen bedroht

ali pa so vsaj ogroženi v svojih pogojih obstoja

Diese versorgen auch das Proletariat mit frischen Elementen der Aufklärung und des Fortschritts

Ti tudi oskrbujejo proletariat s svežimi elementi razsvetljenstva in napredka

Endlich, in Zeiten, in denen sich der Klassenkampf der entscheidenden Stunde nähert

Končno, v času, ko se razredni boj približuje odločilni uri

Der Auflösungsprozess innerhalb der herrschenden Klasse

proces razpustitve znotraj vladajočega razreda

In der Tat wird die Auflösung, die sich innerhalb der herrschenden Klasse vollzieht, in der gesamten Bandbreite der Gesellschaft zu spüren sein

pravzaprav se bo razpad, ki se dogaja znotraj vladajočega razreda, čutil v celotni družbi

Sie wird einen so gewalttätigen, krassen Charakter annehmen, dass ein kleiner Teil der herrschenden Klasse sich selbst abtreibt

Dobila bo tako nasilen, očiten značaj, da se bo majhen del vladajočega razreda odrezal

Und diese herrschende Klasse wird sich der revolutionären Klasse anschließen

in da se bo vladajoči razred pridružil revolucionarnemu
razredu

**Die revolutionäre Klasse ist die Klasse, die die Zukunft in
ihren Händen hält**

revolucionarni razred je razred, ki ima prihodnost v svojih
rokah

**Wie in früheren Zeiten ging ein Teil des Adels zur
Bourgeoisie über**

Tako kot v prejšnjem obdobju je del plemstva prešel v
buržoazijo

**ebenso wird ein Teil der Bourgeoisie zum Proletariat
übergehen**

na enak način bo del buržoazije prešel k proletariatu

**insbesondere wird ein Teil der Bourgeoisie zu einem Teil
der Bourgeoisie Ideologen übergehen**

zlasti bo del buržoazije prešel na del buržoaznih ideologov

**Bourgeoisie Ideologen, die sich auf die Ebene erhoben
haben, die historische Bewegung als Ganzes theoretisch zu
begreifen**

Buržoazni ideologi, ki so se dvignili na raven teoretičnega
razumevanja zgodovinskega gibanja kot celote

**Von allen Klassen, die heute der Bourgeoisie
gegenüberstehen, ist das Proletariat allein eine wirklich
revolutionäre Klasse**

Od vseh razredov, ki se danes soočajo z buržoazijo, je samo
proletariat resnično revolucionaren razred

**Die anderen Klassen zerfallen und verschwinden
schließlich im Angesicht der modernen Industrie**

Drugi razredi propadejo in končno izginejo pred sodobno
industrijo

das Proletariat ist ihr besonderes und wesentliches Produkt

Proletariat je njegov poseben in bistven izdelek

**Die untere Mittelschicht, der kleine Fabrikant, der
Ladenbesitzer, der Handwerker, der Bauer**

Nižji srednji razred, mali proizvajalec, trgovec, obrtnik, kmet

all diese Kämpfe gegen die Bourgeoisie

vsi ti se borijo proti buržoaziji
Sie kämpfen als Fraktionen der Mittelschicht, um sich vor dem Aussterben zu retten
Borijo se kot deli srednjega razreda, da bi se rešili pred izumrtjem
Sie sind also nicht revolutionär, sondern konservativ
Zato niso revolucionarni, ampak konservativni
Ja, mehr noch, sie sind reaktionär, denn sie versuchen, das Rad der Geschichte zurückzudrehen
Še več, reakcionarni so, ker poskušajo vrniti kolo zgodovine nazaj
Wenn sie zufällig revolutionär sind, so sind sie es nur im Hinblick auf ihre bevorstehende Überführung in das Proletariat
Če so po naključju revolucionarne, so to le zaradi bližajočega se prehoda v proletariat
Sie verteidigen also nicht ihre gegenwärtigen, sondern ihre zukünftigen Interessen
tako ne branijo svojih sedanjih, ampak prihodnjih interesov
sie verlassen ihren eigenen Standpunkt, um sich auf den des Proletariats zu stellen
zapustijo svoje stališče, da bi se postavili na stališče proletariata
Die »gefährliche Klasse«, der soziale Abschaum, diese passiv verrottende Masse, die von den untersten Schichten der alten Gesellschaft abgeworfen wird
»Nevarni razred«, družbena ološ, ta pasivno gnila masa, ki so jo vrgli najnižji sloji stare družbe
sie können hier und da von einer proletarischen Revolution in die Bewegung hineingerissen werden
tu in tam jih lahko v gibanje pomete proletarska revolucija
Seine Lebensbedingungen bereiten ihn jedoch viel mehr auf die Rolle eines bestochenen Werkzeugs reaktionärer Intrigen vor
Njegove življenjske razmere pa jo veliko bolj pripravljajo na vlogo podkupljenega orodja reakcionarnih spletk

In den Verhältnissen des Proletariats sind die Verhältnisse der alten Gesellschaft im Allgemeinen bereits praktisch überschwemmt

V razmerah proletariata so tisti iz stare družbe na splošno že praktično preplavljeni

Der Proletarier ist ohne Eigentum

Proletar je brez lastnine

sein Verhältnis zu Frau und Kindern hat mit den Familienverhältnissen der Bourgeoisie nichts mehr gemein

njegov odnos z ženo in otroki nima več nič skupnega z družinskimi odnosi buržoazije

moderne industrielle Arbeit, moderne Unterwerfung unter das Kapital, dasselbe in England wie in Frankreich, in Amerika wie in Deutschland

sodobno industrijsko delo, sodobno podrejanje kapitalu, enako v Angliji kot v Franciji, v Ameriki kot v Nemčiji

Seine Stellung in der Gesellschaft hat ihm jede Spur von nationalem Charakter genommen

njegovo stanje v družbi mu je odvzelo vse sledi nacionalnega značaja

Gesetz, Moral, Religion sind für ihn so viele Bourgeoisie Vorurteile

Zakon, morala, vera so zanj toliko buržoaznih predsodkov

und hinter diesen Vorurteilen lauern ebenso viele Bourgeoisie Interessen

in za temi predsodki se skriva v zasedi prav toliko buržoaznih interesov

Alle vorhergehenden Klassen, die die Oberhand gewannen, versuchten, ihren bereits erworbenen Status zu festigen

Vsi prejšnji razredi, ki so dobili prednost, so poskušali utrditi svoj že pridobljeni status

Sie taten dies, indem sie die Gesellschaft als Ganzes ihren Aneignungsbedingungen unterwarfen

To so storili tako, da so družbo na splošno podvrgli svojim pogojem prilaščanja

Die Proletarier können nicht Herren der Produktivkräfte der Gesellschaft werden

Proletarci ne morejo postati gospodarji proizvodnih sil družbe

Sie kann dies nur tun, indem sie ihre eigene bisherige Aneignungsweise abschafft

to lahko stori le z odpravo lastnega prejšnjega načina prilaščanja

Und damit hebt sie auch jede andere bisherige Aneignungsweise auf

in s tem odpravlja tudi vse druge prejšnje načine prilaščanja

Sie haben nichts Eigenes zu sichern und zu festigen

Nimajo ničesar, kar bi lahko zavarovali in utrdili

Ihre Aufgabe ist es, alle bisherigen Sicherheiten und Versicherungen für individuelles Eigentum zu vernichten

Njihovo poslanstvo je uničiti vse prejšnje vrednostne papirje in zavarovanja posameznega premoženja

Alle bisherigen historischen Bewegungen waren Bewegungen von Minderheiten

Vsa prejšnja zgodovinska gibanja so bila gibanja manjšin

oder es handelte sich um Bewegungen im Interesse von Minderheiten

ali pa so bila gibanja v interesu manjšin

Die proletarische Bewegung ist die selbstbewusste, selbständige Bewegung der ungeheuren Mehrheit

Proletarsko gibanje je samozavestno, neodvisno gibanje ogromne večine

Und es ist eine Bewegung im Interesse der großen Mehrheit

in to je gibanje v interesu ogromne večine

Das Proletariat, die unterste Schicht unserer heutigen Gesellschaft

Proletariat, najnižji sloj naše sedanje družbe

Sie kann sich nicht regen oder erheben, ohne daß die ganze übergeordnete Schicht der offiziellen Gesellschaft in die Luft geschleudert wird

ne more se premakniti ali dvigniti, ne da bi se v zrak dvignili celotni nadvladni sloji uradne družbe

Der Kampf des Proletariats mit der Bourgeoisie ist, wenn auch nicht der Substanz nach, doch zunächst ein nationaler Kampf

Čeprav ni v vsebini, vendar v obliki, je boj proletariata z buržoazijo sprva narodni boj

Das Proletariat eines jeden Landes muss natürlich vor allem mit seiner eigenen Bourgeoisie abrechnen

Proletariat vsake države mora seveda najprej urediti zadeve s svojo buržoazijo

Indem wir die allgemeinsten Phasen der Entwicklung des Proletariats schilderten, verfolgten wir den mehr oder weniger verhüllten Bürgerkrieg

Pri prikazovanju najbolj splošnih faz razvoja proletariata smo zasledili bolj ali manj prikrito državljansko vojno

Diese Zivilgesellschaft wütet in der bestehenden Gesellschaft

Ta civilizacija divja v obstoječi družbi

Er wird bis zu dem Punkt wüten, an dem dieser Krieg in eine offene Revolution ausbricht

divjala bo do točke, ko bo vojna izbruhnila v odprto revolucijo

und dann legt der gewaltsame Sturz der Bourgeoisie die Grundlage für die Herrschaft des Proletariats

in potem nasilno strmoglavljenje buržoazije postavi temelje za vpliv proletariata

Bisher beruhte jede Gesellschaftsform, wie wir bereits gesehen haben, auf dem Antagonismus unterdrückender und unterdrückter Klassen

Kot smo že videli, je vsaka oblika družbe temeljila na antagonizmu zatiranja in zatiranih razredov

Um aber eine Klasse zu unterdrücken, müssen ihr gewisse Bedingungen zugesichert werden

Da pa bi zatirali razred, mu morajo biti zagotovljeni določeni pogoji

Die Klasse muss unter Bedingungen gehalten werden, unter denen sie wenigstens ihre sklavische Existenz fortsetzen kann

razred je treba ohranjati v pogojih, v katerih lahko vsaj
nadaljuje svoj suženjski obstoj

**Der Leibeigene erhob sich in der Zeit der Leibeigenschaft
zum Mitglied der Kommune**

Tlačan se je v času tlačanstva povzdignil v članstvo v občini

**so wie es dem Kleinbourgeoisie unter dem Joch des
feudalen Absolutismus gelang, sich zur Bourgeoisie zu
entwickeln**

tako kot se je drobna buržoazija pod jarmom fevdalnega
absolutizma uspela razviti v buržoazijo

**Der moderne Arbeiter dagegen sinkt, anstatt sich mit dem
Fortschritt der Industrie zu erheben, immer tiefer**

Sodobni delavec, nasprotno, namesto da bi se dvignil z
napredkom industrije, se potaplja globlje in globlje

**Er sinkt unter die Existenzbedingungen seiner eigenen
Klasse**

potopi se pod pogoje obstoja svojega lastnega razreda

**Er wird ein Bettler, und der Pauperismus entwickelt sich
schneller als Bevölkerung und Reichtum**

Postane revež in revščina se razvija hitreje kot prebivalstvo in
bogastvo

**Und hier zeigt sich, dass die Bourgeoisie nicht mehr
geeignet ist, die herrschende Klasse in der Gesellschaft zu
sein**

In tukaj postane očitno, da buržoazija ni več primerna za
vladajoči razred v družbi

**und sie ist ungeeignet, der Gesellschaft ihre
Existenzbedingungen als übergeordnetes Gesetz
aufzuzwingen**

in ni primerno, da bi družbi vsiljevali pogoje obstoja kot
prevladujoči zakon

**Sie ist unfähig zu herrschen, weil sie unfähig ist, ihrem
Sklaven in seiner Sklaverei eine Existenz zu sichern**

Neprimerna je vladati, ker je nesposobna, da bi zagotovila
obstoj svojemu sužnju v njegovem suženjstvu

denn sie kann nicht anders, als ihn in einen solchen Zustand sinken zu lassen, daß sie ihn ernähren muss, statt von ihm gefüttert zu werden

ker si ne more pomagati, da bi ga pustil, da se potopi v takšno stanje, da ga mora nahraniti, namesto da bi ga on hranil

Die Gesellschaft kann nicht länger unter dieser Bourgeoisie leben

Družba ne more več živeti pod to buržoazijo

Mit anderen Worten, ihre Existenz ist nicht mehr mit der Gesellschaft vereinbar

z drugimi besedami, njegov obstoj ni več združljiv z družbo

Die wesentliche Bedingung für die Existenz und die Herrschaft der Bourgeoisie Klasse ist die Bildung und Vermehrung des Kapitals

Bistveni pogoj za obstoj in vpliv buržoaznega razreda je oblikovanje in povečevanje kapitala

Die Bedingung für das Kapital ist Lohnarbeit

pogoj za kapital je mezdno delo

Die Lohnarbeit beruht ausschließlich auf der Konkurrenz zwischen den Arbeitern

Mezdno delo temelji izključno na konkurenci med delavci

Der Fortschritt der Industrie, deren unfreiwilliger Förderer die Bourgeoisie ist, tritt an die Stelle der Isolierung der Arbeiter

Napredek industrije, katere neprostovoljni pospeševalec je buržoazija, nadomešča izolacijo delavcev

durch die Konkurrenz, durch ihre revolutionäre Kombination, durch die Assoziation

zaradi konkurence, zaradi njihove revolucionarne kombinacije, zaradi združevanja

Die Entwicklung der modernen Industrie schneidet ihr die Grundlage unter den Füßen weg, auf der die Bourgeoisie Produkte produziert und sich aneignet

Razvoj sodobne industrije izpod njenih nog izreže temelje, na katerih buržoazija proizvaja in si prisvaja izdelke

Was die Bourgeoisie vor allem produziert, sind ihre eigenen Totengräber

Buržoazija proizvaja predvsem svoje lastne grobarje

Der Sturz der Bourgeoisie und der Sieg des Proletariats sind gleichermaßen unvermeidlich

Padec buržoazije in zmaga proletariata sta prav tako neizogibna

Proletarier und Kommunisten
Proletarci in komunisti

In welchem Verhältnis stehen die Kommunisten zu den Proletariern insgesamt?

V kakšnem odnosu so komunisti do proletarcev kot celote?

Die Kommunisten bilden keine eigene Partei, die anderen Arbeiterparteien entgegengesetzt ist

Komunisti ne tvorijo ločene stranke, ki bi nasprotovala drugim delavskim strankam

Sie haben keine Interessen, die von denen des Proletariats als Ganzes getrennt und getrennt sind

Nimajo interesov, ki bi bili ločeni in ločeni od interesov proletariata kot celote

Sie stellen keine eigenen sektiererischen Prinzipien auf, nach denen sie die proletarische Bewegung formen und formen könnten

Ne postavljajo lastnih sektaških načel, s katerimi bi oblikovali in oblikovali proletarsko gibanje

Die Kommunisten unterscheiden sich von den anderen Arbeiterparteien nur durch zwei Dinge

Komuniste od drugih delavskih strank razlikujeta le dve stvari

Erstens: Sie weisen auf die gemeinsamen Interessen des gesamten Proletariats hin und bringen sie in den Vordergrund, unabhängig von jeder Nationalität

Prvič, opozarjajo in postavljajo v ospredje skupne interese celotnega proletariata, neodvisno od vsake narodnosti

Das tun sie in den nationalen Kämpfen der Proletarier der verschiedenen Länder

to počnejo v nacionalnih bojih proletarcev različnih držav

Zweitens vertreten sie immer und überall die Interessen der gesamten Bewegung

Drugič, vedno in povsod zastopajo interese gibanja kot celote

das tun sie in den verschiedenen Entwicklungsstadien, die der Kampf der Arbeiterklasse gegen die Bourgeoisie zu durchlaufen hat

to počnejo na različnih stopnjah razvoja, ki jih mora preživeti boj delavskega razreda proti buržoaziji

Die Kommunisten sind also auf der einen Seite praktisch der fortschrittlichste und entschiedenste Teil der Arbeiterparteien eines jeden Landes

Komunisti so torej po eni strani praktično najnaprednejši in odločnejši del delavskih strank v vsaki državi

Sie sind der Teil der Arbeiterklasse, der alle anderen vorantreibt

so tisti del delavskega razreda, ki potiska vse druge

Theoretisch haben sie auch den Vorteil, dass sie die Marschlinie klar verstehen

Teoretično imajo tudi prednost, da jasno razumejo črto pohoda

Das verstehen sie besser im Vergleich zu der großen Masse des Proletariats

To bolje razumejo v primerjavi z veliko množico proletariata

Sie verstehen die Bedingungen und die letzten allgemeinen Ergebnisse der proletarischen Bewegung

razumejo pogoje in končne splošne rezultate proletarskega gibanja

Das unmittelbare Ziel des Kommunisten ist dasselbe wie das aller anderen proletarischen Parteien

Neposredni cilj komunista je enak cilju vseh drugih proletarskih strank

Ihr Ziel ist die Formierung des Proletariats zu einer Klasse

Njihov cilj je oblikovanje proletariata v razred

sie zielen darauf ab, die Vorherrschaft der Bourgeoisie zu stürzen

njihov cilj je strmoglaviti buržoazno prevlado

das Streben nach politischer Machteroberung durch das Proletariat

prizadevanje za osvojitev politične moči s strani proletariata

Die theoretischen Schlußfolgerungen der Kommunisten beruhen in keiner Weise auf Ideen oder Prinzipien der Reformer

Teoretični zaključki komunistov nikakor ne temeljijo na idejah ali načelih reformatorjev

es waren keine Möchtegern-Universalreformer, die die theoretischen Schlussfolgerungen der Kommunisten erfunden oder entdeckt haben

niso bili univerzalni reformatorji tisti, ki so izumili ali odkrili teoretične zaključke komunistov

Sie drücken lediglich in allgemeinen Begriffen tatsächliche Verhältnisse aus, die aus einem bestehenden Klassenkampf hervorgehen

Na splošno zgolj izražajo dejanske odnose, ki izvirajo iz obstoječega razrednega boja

Und sie beschreiben die historische Bewegung, die sich unter unseren Augen abspielt und die diesen Klassenkampf hervorgebracht hat

in opisujejo zgodovinsko gibanje, ki se dogaja pred našimi očmi in je ustvarilo ta razredni boj

Die Abschaffung bestehender Eigentumsverhältnisse ist keineswegs ein charakteristisches Merkmal des Kommunismus

Odprava obstoječih lastninskih razmerij sploh ni značilnost komunizma

Alle Eigentumsverhältnisse in der Vergangenheit waren einem ständigen historischen Wandel unterworfen

Vsa premoženjska razmerja v preteklosti so bila nenehno podvržena zgodovinskim spremembam

Und diese Veränderungen waren eine Folge der Veränderung der historischen Bedingungen

in te spremembe so bile posledica spremembe zgodovinskih razmer

Die Französische Revolution zum Beispiel schaffte das Feudaleigentum zugunsten des Bourgeoisie Eigentums ab

Francoska revolucija je na primer odpravila fevdalno lastnino v korist buržoazne lastnine

Das Unterscheidungsmerkmal des Kommunismus ist nicht die Abschaffung des Eigentums im Allgemeinen

Značilnost komunizma na splošno ni odprava lastnine
**aber das Unterscheidungsmerkmal des Kommunismus ist
die Abschaffung des Bourgeoisie Eigentums**
toda značilnost komunizma je odprava buržoazne lastnine
**Aber das Privateigentum der modernen Bourgeoisie ist der
letzte und vollständigste Ausdruck des Systems der
Produktion und Aneignung von Produkten**
Toda sodobna buržoazna zasebna lastnina je končni in
najpopolnejši izraz sistema proizvodnje in prilaščanja
proizvodov
**Es ist der Endzustand eines Systems, das auf
Klassengegensätzen beruht, wobei der
Klassenantagonismus die Ausbeutung der Vielen durch die
Wenigen ist**
To je končno stanje sistema, ki temelji na razrednih
antagonizmih, kjer je razredni antagonizem izkoriščanje
mnogih s strani peščice
**In diesem Sinne läßt sich die Theorie der Kommunisten in
einem einzigen Satz zusammenfassen; die Abschaffung des
Privateigentums**
V tem smislu lahko teorijo komunistov povzamemo v enem
samem stavku; odprava zasebne lastnine
**Uns Kommunisten hat man vorgeworfen, das Recht auf
persönlichen Eigentumserwerb abschaffen zu wollen**
Komunistom so očitali željo po odpravi pravice do osebnega
pridobivanja lastnine
**Es wird behauptet, dass diese Eigenschaft die Frucht der
eigenen Arbeit eines Menschen ist**
Trdi se, da je ta lastnost plod človekovega lastnega dela
**Und diese Eigenschaft soll die Grundlage aller persönlichen
Freiheit, Aktivität und Unabhängigkeit sein.**
in ta lastnina naj bi bila temelj vse osebne svobode, dejavnosti
in neodvisnosti.
**"Hart erkämpftes, selbst erworbenes, selbst verdientes
Eigentum!"**

"Težko pridobljena, samopridobljena, samozaslužena lastnina!"

Meinst du das Eigentum des kleinen Handwerkers und des Kleinbauern?

Ali mislite na lastnino drobnega obrtnika in majhnega kmeta?

Meinen Sie eine Form des Eigentums, die der Bourgeoisie Form vorausging?

Ali mislite na obliko lastnine, ki je bila pred buržoazno obliko?

Es ist nicht nötig, sie abzuschaffen, die Entwicklung der Industrie hat sie zum großen Teil bereits zerstört

Tega ni treba odpraviti, razvoj industrije ga je v veliki meri že uničil

Und die Entwicklung der Industrie zerstört sie immer noch täglich

in razvoj industrije ga še vedno vsak dan uničuje

Oder meinen Sie das moderne Bourgeoisie Privateigentum?

Ali mislite na sodobno buržoazno zasebno lastnino?

Aber schafft die Lohnarbeit irgendein Eigentum für den Arbeiter?

Toda ali mezdno delo ustvarja kakšno lastnino za delavca?

Nein, die Lohnarbeit schafft nicht ein bisschen von dieser Art von Eigentum!

Ne, mezdno delo ne ustvarja niti delčka te vrste lastnine!

Was Lohnarbeit schafft, ist Kapital; jene Art von Eigentum, das Lohnarbeit ausbeutet

Mezdno delo ustvarja kapital; Takšna lastnina, ki izkorišča mezdno delo

Das Kapital kann sich nur unter der Bedingung vermehren, daß es ein neues Angebot an Lohnarbeit für neue Ausbeutung erzeugt

kapital se ne more povečati, razen pod pogojem, da sproži novo ponudbo mezdnega dela za novo izkoriščanje

Das Eigentum in seiner jetzigen Form beruht auf dem Antagonismus von Kapital und Lohnarbeit

Lastnina v svoji sedanji obliki temelji na antagonizmu kapitala in mezdnega dela

Betrachten wir beide Seiten dieses Antagonismus
Oglejmo si obe strani tega antagonizma
**Kapitalist zu sein bedeutet nicht nur, einen rein
persönlichen Status zu haben**
Biti kapitalist ne pomeni imeti le čisto osebnega statusa
**Stattdessen bedeutet Kapitalist zu sein auch, einen sozialen
Status in der Produktion zu haben**
namesto tega biti kapitalist pomeni imeti tudi družbeni status
v proizvodnji
**weil Kapital ein kollektives Produkt ist; Nur durch das
gemeinsame Handeln vieler Mitglieder kann sie in Gang
gesetzt werden**
ker je kapital kolektivni proizvod; Le s skupnim delovanjem
številnih poslancev ga je mogoče sprožiti
**Aber dieses gemeinsame Handeln ist der letzte Ausweg und
erfordert eigentlich alle Mitglieder der Gesellschaft**
vendar je ta enotna akcija zadnja možnost in dejansko zahteva
vse člane družbe
**Das Kapital verwandelt sich in das Eigentum aller
Mitglieder der Gesellschaft**
Kapital se pretvori v lastnino vseh članov družbe
**aber das Kapital ist also keine persönliche Macht; Es ist eine
gesellschaftliche Macht**
toda kapital torej ni osebna moč; je družbena moč
**Wenn also Kapital in gesellschaftliches Eigentum
umgewandelt wird, so verwandelt sich dadurch nicht
persönliches Eigentum in gesellschaftliches Eigentum**
Ko se torej kapital pretvori v družbeno lastnino, se osebna
lastnina s tem ne spremeni v družbeno lastnino
**Nur der gesellschaftliche Charakter des Eigentums wird
verändert und verliert seinen Klassencharakter**
Spremeni se le družbeni značaj lastnine, ki izgubi svoj
razredni značaj
Betrachten wir nun die Lohnarbeit
Poglejmo si zdaj mezdno delo

Der Durchschnittspreis der Lohnarbeit ist der Mindestlohn, d.h. das Quantum der Lebensmittel

Povprečna cena mezdnega dela je minimalna plača, tj. količina sredstev za preživljanje

Dieser Lohn ist für die bloße Existenz als Arbeiter absolut notwendig

Ta plača je absolutno potrebna za goli obstoj delavca

Was sich also der Lohnarbeiter durch seine Arbeit aneignet, genügt nur, um ein bloßes Dasein zu verlängern und zu reproduzieren

Kar si torej mezdni delavec prilasti s svojim delom, zadostuje le za podaljšanje in reprodukcijo golega obstoja

Wir beabsichtigen keineswegs, diese persönliche Aneignung der Arbeitsprodukte abzuschaffen

Nikakor ne nameravamo odpraviti tega osebnega prilaščanja proizvodov dela

eine Aneignung, die für die Erhaltung und Reproduktion des menschlichen Lebens bestimmt ist

sredstva, ki se namenjajo za vzdrževanje in razmnoževanje človeškega življenja

Eine solche persönliche Aneignung der Arbeitsprodukte lässt keinen Überschuss übrig, mit dem man die Arbeit anderer befehlen könnte

takšno osebno prisvajanje proizvodov dela ne pušča presežka, s katerim bi lahko nadzorovali delo drugih

Alles, was wir beseitigen wollen, ist der erbärmliche Charakter dieser Aneignung

Vse, kar želimo odpraviti, je bedni značaj te prisvojitve

die Aneignung, unter der der Arbeiter lebt, bloß um das Kapital zu vermehren

prisvojitev, pod katero delavec živi samo za povečanje kapitala

Er darf nur leben, soweit es das Interesse der herrschenden Klasse erfordert

Dovoljeno mu je živeti le, kolikor to zahtevajo interesi vladajočega razreda

In der Bourgeoisie Gesellschaft ist die lebendige Arbeit nur ein Mittel, um die akkumulierte Arbeit zu vermehren

V buržoazni družbi je živa delovna sila le sredstvo za povečanje nakopičenega dela

In der kommunistischen Gesellschaft ist die akkumulierte Arbeit nur ein Mittel, um die Existenz des Arbeiters zu erweitern, zu bereichern und zu fördern

V komunistični družbi je nakopičeno delo le sredstvo za razširitev, obogatitev in spodbujanje obstoja delavca

In der Bourgeoisie Gesellschaft dominiert daher die Vergangenheit die Gegenwart

V buržoazni družbi torej preteklost prevladuje nad sedanjostjo

In der kommunistischen Gesellschaft dominiert die Gegenwart die Vergangenheit

v komunistični družbi sedanjost prevladuje nad preteklostjo

In der Bourgeoisie Gesellschaft ist das Kapital unabhängig und hat Individualität

V buržoazijski družbi je kapital neodvisen in ima individualnost

In der Bourgeoisie Gesellschaft ist der lebende Mensch abhängig und hat keine Individualität

V buržoazni družbi je živa oseba odvisna in nima individualnosti

Und die Abschaffung dieses Zustandes wird von der Bourgeoisie als Abschaffung der Individualität und Freiheit bezeichnet!

In odpravo tega stanja stvari buržoazija imenuje odprava individualnosti in svobode!

Und man nennt sie mit Recht die Abschaffung von Individualität und Freiheit!

In upravičeno se imenuje odprava individualnosti in svobode!

Der Kommunismus strebt die Abschaffung der Bourgeoisie Individualität an

Komunizem si prizadeva za odpravo buržoazne individualnosti

Der Kommunismus strebt die Abschaffung der Unabhängigkeit der Bourgeoisie an

Komunizem namerava odpraviti neodvisnost buržoazije

Die BourgeoisieFreiheit ist zweifellos das, was der Kommunismus anstrebt

Buržoazna svoboda je nedvomno tisto, k čemur si prizadeva komunizem

unter den gegenwärtigen Bourgeoisie Produktionsbedingungen bedeutet Freiheit freien Handel, freien Verkauf und freien Kauf

v sedanjih buržoaznih proizvodnih pogojih svoboda pomeni prosto trgovino, prosto prodajo in nakup

Aber wenn das Verkaufen und Kaufen verschwindet, verschwindet auch das freie Verkaufen und Kaufen

Če pa prodaja in nakup izginejo, izgineta tudi prosta prodaja in nakup

"Mutige Worte" der Bourgeoisie über den freien Verkauf und Kauf haben nur eine begrenzte Bedeutung

»Pogumne besede« buržoazije o prosti prodaji in nakupu imajo pomen le v omejenem smislu

Diese Worte haben nur im Gegensatz zu eingeschränktem Verkauf und Kauf eine Bedeutung

Te besede imajo pomen le v nasprotju z omejeno prodajo in nakupom

und diese Worte haben nur dann eine Bedeutung, wenn sie auf die gefesselten Händler des Mittelalters angewandt werden

in te besede imajo pomen le, če se nanašajo na priklenjene trgovce srednjega veka

und das setzt voraus, dass diese Worte überhaupt eine Bedeutung im Bourgeoisie Sinne haben

in to predpostavlja, da imajo te besede pomen celo v buržoaznem smislu

aber diese Worte haben keine Bedeutung, wenn sie gebraucht werden, um sich gegen die kommunistische Abschaffung des Kaufens und Verkaufens zu wehren

vendar te besede nimajo pomena, ko se uporabljajo za
nasprotovanje komunistični odpravi nakupa in prodaje
**die Worte haben keine Bedeutung, wenn sie gebraucht
werden, um sich gegen die Abschaffung der Bourgeoisie
Produktionsbedingungen zu wehren**
besede nimajo pomena, ko se uporabljajo za nasprotovanje
odpravi buržoaznih pogojev proizvodnje
**und sie haben keine Bedeutung, wenn sie benutzt werden,
um sich gegen die Abschaffung der Bourgeoisie selbst zu
wehren**
in nimajo nobenega pomena, ko se uporabljajo za
nasprotovanje odpravi buržoazije same
**Sie sind entsetzt über unsere Absicht, das Privateigentum
abzuschaffen**
Zgroženi ste, da nameravamo odpraviti zasebno lastnino
**Aber in eurer jetzigen Gesellschaft ist das Privateigentum
für neun Zehntel der Bevölkerung bereits abgeschafft**
Toda v vaši obstoječi družbi je zasebna lastnina že odpravljena
za devet desetin prebivalstva
**Die Existenz des Privateigentums für einige wenige beruht
einzig und allein darauf, dass es in den Händen von neun
Zehnteln der Bevölkerung nicht existiert**
Obstoj zasebne lastnine za peščico je izključno posledica
njenega neobstoja v rokah devetih desetin prebivalstva
**Sie werfen uns also vor, daß wir eine Form des Eigentums
abschaffen wollen**
Zato nam očitate, da nameravamo odpraviti neko obliko
lastnine
**Aber das Privateigentum erfordert für die ungeheure
Mehrheit der Gesellschaft die Nichtexistenz jeglichen
Eigentums**
vendar zasebna lastnina zahteva neobstoj kakršne koli lastnine
za ogromno večino družbe
**Mit einem Wort, Sie werfen uns vor, daß wir Ihr Eigentum
beseitigen wollen**

Z eno besedo, očitate nam, da nameravamo odpraviti vašo lastnino

Und genau so ist es; Ihr Eigentum abzuschaffen, ist genau das, was wir beabsichtigen

In prav tako je; odprava vaše nepremičnine je ravno tisto, kar nameravamo

Von dem Augenblick an, wo die Arbeit nicht mehr in Kapital, Geld oder Rente verwandelt werden kann

Od trenutka, ko dela ni več mogoče pretvoriti v kapital, denar ali rento

wenn die Arbeit nicht mehr in eine gesellschaftliche Macht umgewandelt werden kann, die monopolisiert werden kann

ko dela ni več mogoče spremeniti v družbeno moč, ki bi jo bilo mogoče monopolizirati

von dem Augenblick an, wo das individuelle Eigentum nicht mehr in Bourgeoisie Eigentum verwandelt werden kann

od trenutka, ko individualne lastnine ni več mogoče preoblikovati v buržoazno lastnino

von dem Augenblick an, wo das individuelle Eigentum nicht mehr in Kapital verwandelt werden kann

od trenutka, ko individualne lastnine ni več mogoče preoblikovati v kapital

Von diesem Moment an sagst du, dass die Individualität verschwindet

Od tistega trenutka pravite, da individualnost izgine

Sie müssen also gestehen, daß Sie mit »Individuum« keine andere Person meinen als die Bourgeoisie

Zato morate priznati, da z »posameznikom« ne mislite na nikogar drugega kot na buržoazijo

Sie müssen zugeben, dass es sich speziell auf den Bourgeoisie Eigentümer von Immobilien bezieht

priznati morate, da se posebej nanaša na lastnika nepremičnine srednjega razreda

Diese Person muss in der Tat aus dem Weg geräumt und unmöglich gemacht werden

To osebo je res treba odstraniti s poti in onemogočiti

Der Kommunismus beraubt niemanden der Macht, sich die Produkte der Gesellschaft anzueignen

Komunizem nikomur ne odvzame moči, da bi si prisvojil izdelke družbe

Alles, was der Kommunismus tut, ist, ihm die Macht zu nehmen, die Arbeit anderer durch eine solche Aneignung zu unterjochen

vse, kar komunizem počne, je, da mu odvzame moč, da bi s takšno prisvojitvijo podredil delo drugih

Man hat eingewendet, daß mit der Abschaffung des Privateigentums alle Arbeit aufhören werde

Ugovarjali so, da bo z odpravo zasebne lastnine prenehalo vsa dela

Und dann wird suggeriert, dass uns die universelle Faulheit überwältigen wird

in nato se predlaga, da nas bo prehitela univerzalna lenoba

Demnach hätte die BourgeoisieGesellschaft schon längst vor lauter Müßiggang vor die Hunde gehen müssen

V skladu s tem bi morala buržoazna družba že zdavnaj iti k psom zaradi čiste brezdelja

denn diejenigen ihrer Mitglieder, die arbeiten, erwerben nichts

ker tisti člani, ki delajo, ne pridobijo ničesar

und diejenigen von ihren Mitgliedern, die etwas erwerben, arbeiten nicht

in tisti njeni člani, ki karkoli pridobijo, ne delajo

Der ganze Einwand ist nur ein weiterer Ausdruck der Tautologie

Celoten ta ugovor je le še en izraz tavtologije

Es kann keine Lohnarbeit mehr geben, wenn es kein Kapital mehr gibt

Ne more več biti plačanega dela, ko ni več kapitala

Es gibt keinen Unterschied zwischen materiellen und mentalen Produkten

Ni razlike med materialnimi in mentalnimi produkti

Der Kommunismus schlägt vor, dass beides auf die gleiche Weise produziert wird

Komunizem predlaga, da se oboje proizvede na enak način

aber die Einwände gegen die kommunistischen Produktionsweisen sind dieselben

vendar so ugovori proti komunističnim načinom njihovega ustvarjanja enaki

Für die Bourgeoisie ist das Verschwinden des Klasseneigentums das Verschwinden der Produktion selbst

za buržoazijo je izginotje razredne lastnine izginotje same proizvodnje

So ist für ihn das Verschwinden der Klassenkultur identisch mit dem Verschwinden aller Kultur

Torej je izginotje razredne kulture zanj enako kot izginotje vse kulture

Diese Kultur, deren Verlust er beklagt, ist für die überwiegende Mehrheit ein bloßes Training, um als Maschine zu agieren

Ta kultura, katere izgubo obžaluje, je za veliko večino zgolj usposabljanje za delovanje kot stroj

Die Kommunisten haben die Absicht, die Kultur des Bourgeoisie Eigentums abzuschaffen

Komunisti močno nameravajo odpraviti kulturo buržoazne lastnine

Aber zankt euch nicht mit uns, solange ihr den Maßstab eurer Bourgeoisie Vorstellungen von Freiheit, Kultur, Recht usw. anlegt

Toda ne prepirajte se z nami, dokler uporabljate standard svojih buržoaznih predstav o svobodi, kulturi, zakonodaji itd

Eure Ideen selbst sind nur die Auswüchse der Bedingungen eurer Bourgeoisie Produktion und eures Bourgeoisie Eigentums

Vaše ideje so le posledica pogojev vaše buržoazne proizvodnje in buržoazne lastnine

so wie eure Jurisprudenz nichts anderes ist als der Wille eurer Klasse, der zum Gesetz für alle gemacht wurde

tako kot je vaša sodna praksa le volja vašega razreda, ki je
postala zakon za vse
**Der wesentliche Charakter und die Richtung dieses Willens
werden durch die ökonomischen Bedingungen bestimmt,
die Ihre soziale Klasse schafft**
Bistveni značaj in smer te volje sta določena z ekonomskimi
pogoji, ki jih ustvarja vaš družbeni razred
**Der selbstsüchtige Irrtum, der dich veranlaßt, soziale
Formen in ewige Gesetze der Natur und der Vernunft zu
verwandeln**
Sebična napačna predstava, ki vas spodbuja, da družbene
oblike spremenite v večne zakone narave in razuma
**die gesellschaftlichen Formen, die aus eurer gegenwärtigen
Produktionsweise und Eigentumsform entspringen**
družbene oblike, ki izvirajo iz vašega sedanjega načina
proizvodnje in oblike lastnine,
**historische Beziehungen, die im Fortschritt der Produktion
auf- und verschwinden**
zgodovinski odnosi, ki se dvigajo in izginjajo v napredku
proizvodnje
**Dieses Missverständnis teilt ihr mit jeder herrschenden
Klasse, die euch vorausgegangen ist**
To napačno prepričanje delite z vsakim vladajočim razredom,
ki je bil pred vami
**Was Sie bei antikem Eigentum klar sehen, was Sie bei
feudalem Eigentum zugeben**
Kaj jasno vidite v primeru starodavne lastnine, kaj priznavate
v primeru fevdalne lastnine
**diese Dinge dürfen Sie natürlich nicht zugeben, wenn es
sich um Ihre eigene BourgeoisieEigentumsform handelt**
te stvari vam je seveda prepovedano priznati v primeru vaše
lastne buržoazne oblike lastnine
**Abschaffung der Familie! Selbst die Radikalsten entrüsten
sich über diesen infamen Vorschlag der Kommunisten**
Odprava družine! Celo najbolj radikalni se razplamtijo ob tem
zloglasnem predlogu komunistov

Auf welcher Grundlage beruht die heutige Familie, die BourgeoisieFamilie?

Na kakšnih temeljih temelji sedanja družina, buržoazna družina?

Die Gründung der heutigen Familie beruht auf Kapital und privatem Gewinn

Temelj sedanje družine temelji na kapitalu in zasebnem dobičku

In ihrer voll entwickelten Form existiert diese Familie nur unter der Bourgeoisie

V svoji popolnoma razviti obliki ta družina obstaja le med buržoazijo

Dieser Zustand der Dinge findet seine Ergänzung in der praktischen Abwesenheit der Familie bei den Proletariern

To stanje stvari najde svoje dopolnilo v praktični odsotnosti družine med proletarci

Dieser Zustand ist in der öffentlichen Prostitution zu finden

Takšno stanje stvari je mogoče najti v javni prostituciji

Die BourgeoisieFamilie wird wie selbstverständlich verschwinden, wenn ihr Komplement verschwindet

Buržoazna družina bo izginila kot nekaj samoumevnega, ko bo izginilo njeno dopolnilo

Und beides wird mit dem Verschwinden des Kapitals verschwinden

in oboje bo izginilo z izginotjem kapitala

Werfen Sie uns vor, dass wir die Ausbeutung von Kindern durch ihre Eltern stoppen wollen?

Ali nas obtožujete, da želimo ustaviti izkoriščanje otrok s strani njihovih staršev?

Diesem Verbrechen bekennen wir uns schuldig

Za ta zločin priznavamo krivdo

Aber, werden Sie sagen, wir zerstören die heiligsten Beziehungen, wenn wir die häusliche Erziehung durch die soziale Erziehung ersetzen

Ampak, rekli boste, uničujemo najbolj svete odnose, ko zamenjamo domačo vzgojo s socialno vzgojo

Ist Ihre Erziehung nicht auch sozial? Und wird sie nicht von den gesellschaftlichen Bedingungen bestimmt, unter denen man erzieht?

Ali vaša izobrazba ni tudi socialna? In ali ni določena s socialnimi razmerami, v katerih izobražujete?

durch direkte oder indirekte Eingriffe in die Gesellschaft, durch Schulen usw.

z neposrednim ali posrednim posredovanjem družbe, s pomočjo šol itd.

Die Kommunisten haben die Einmischung der Gesellschaft in die Erziehung nicht erfunden

Komunisti niso izumili družbenega posredovanja v izobraževanju

Sie versuchen lediglich, den Charakter dieses Eingriffs zu ändern

poskušajo le spremeniti naravo tega posredovanja

Und sie versuchen, das Bildungswesen vor dem Einfluss der herrschenden Klasse zu retten

in poskušajo rešiti izobraževanje pred vplivom vladajočega razreda

Die Bourgeoisie spricht von der geheiligten Beziehung von Eltern und Kind

Buržoazija govori o posvečenem sorazmerju med staršem in otrokom

aber dieses Geschwätz über die Familie und die Erziehung wird um so widerwärtiger, wenn wir die moderne Industrie betrachten

toda ta ploskanje o družini in izobrazbi postane še bolj gnusno, ko pogledamo sodobno industrijo

Alle Familienbande unter den Proletariern werden durch die moderne Industrie zerrissen

vse družinske vezi med proletarci so raztrgane zaradi sodobne industrije

ihre Kinder werden zu einfachen Handelsartikeln und Arbeitsinstrumenten

njihovi otroci se spremenijo v preproste predmete trgovine in
delovna orodja

**Aber ihr Kommunisten würdet eine Gemeinschaft von
Frauen schaffen, schreit die ganze Bourgeoisie im Chor**

Ampak vi komunisti bi ustvarili skupnost žensk, kriči vsa
buržoazija v zboru

**Die Bourgeoisie sieht in seiner Frau ein bloßes
Produktionsinstrument**

Buržoazija vidi v svoji ženi zgolj orodje za proizvodnjo

**Er hört, dass die Produktionsmittel von allen ausgebeutet
werden sollen**

Sliši, da morajo proizvodna orodja izkoriščati vsi

**Und natürlich kann er zu keinem anderen Schluß kommen,
als daß das Los, allen gemeinsam zu sein, auch den Frauen
zufallen wird**

in seveda ne more priti do drugega zaključka, kot da bo usoda
skupnega vsem prav tako pripadla ženskam

**Er hat nicht einmal den geringsten Verdacht, dass es in
Wirklichkeit darum geht, die Stellung der Frau als bloße
Produktionsinstrumente abzuschaffen**

Niti ne sumi, da je resnični smisel odpraviti status žensk kot
zgolj proizvodnih instrumentov

**Im übrigen ist nichts lächerlicher als die tugendhafte
Empörung unserer Bourgeoisie über die Gemeinschaft der
Frauen**

Za ostalo ni nič bolj smešnega kot krepostno ogorčenje naše
buržoazije nad skupnostjo žensk

**sie tun so, als ob sie von den Kommunisten offen und
offiziell eingeführt werden sollte**

pretvarjajo se, da so jo odkrito in uradno ustanovili komunisti

**Die Kommunisten haben es nicht nötig, die Gemeinschaft
der Frauen einzuführen, sie existiert fast seit undenklichen
Zeiten**

Komunisti nimajo potrebe po uvajanju skupnosti žensk,
obstaja skoraj od nekdaj.

**Unsere Bourgeoisie begnügt sich nicht damit, die Frauen
und Töchter ihrer Proletarier zur Verfügung zu haben**

Naša buržoazija ni zadovoljna s tem, da ima na razpolago
žene in hčere svojih proletarcev

**Sie haben das größte Vergnügen daran, ihre Frauen
gegenseitig zu verführen**

Najbolj uživajo v zapeljevanju žena drug drugega

**Und das ist noch nicht einmal von gewöhnlichen
Prostituierten zu sprechen**

In to sploh ne omenjam navadnih prostitutk

**Die BourgeoisieEhe ist in Wirklichkeit ein System
gemeinsamer Ehefrauen**

Buržoazna poroka je v resnici sistem skupnih žena

**dann gibt es eine Sache, die man den Kommunisten
vielleicht vorwerfen könnte**

potem obstaja ena stvar, ki bi jo komunisti lahko očitali

**Sie wollen eine offen legalisierte Gemeinschaft von Frauen
einführen**

želijo uvesti odkrito legalizirano skupnost žensk

statt einer heuchlerisch verhüllten Gemeinschaft von Frauen

namesto hinavsko prikrite skupnosti žensk

**Die Gemeinschaft der Frauen, die aus dem
Produktionssystem hervorgegangen ist**

skupnost žensk, ki izhaja iz sistema proizvodnje

**Schafft das Produktionssystem ab, und ihr schafft die
Gemeinschaft der Frauen ab**

odpravite sistem proizvodnje in odpravite skupnost žensk

**Sowohl die öffentliche Prostitution als auch die private
Prostitution wird abgeschafft**

odpravljena je javna prostitucija in zasebna prostitucija

**Den Kommunisten wird noch dazu vorgeworfen, sie wollten
Länder und Nationalitäten abschaffen**

Komunistom se še bolj očita, da želijo ukiniti države in
narodnost

**Die Arbeiter haben kein Vaterland, also können wir ihnen
nicht nehmen, was sie nicht haben**

Delavci nimajo države, zato jim ne moremo vzeti tistega, česar nimajo

Das Proletariat muss vor allem die politische Herrschaft erlangen

Proletariat mora najprej pridobiti politično prevlado

Das Proletariat muss sich zur führenden Klasse der Nation erheben

Proletariat se mora povzpeti v vodilni razred naroda

Das Proletariat muss sich zur Nation konstituieren

Proletariat se mora ustanoviti kot narod

sie ist bis jetzt selbst national, wenn auch nicht im Bourgeoisie Sinne des Wortes

zaenkrat je tudi sama nacionalna, čeprav ne v buržoaznem pomenu besede

Nationale Unterschiede und Gegensätze zwischen den Völkern verschwinden täglich mehr und mehr

Nacionalne razlike in antagonizmi med narodi vsak dan vse bolj izginjajo

der Entwicklung der Bourgeoisie, der Freiheit des Handels, des Weltmarktes

zaradi razvoja buržoazije, svobode trgovine, svetovnega trga

zur Gleichförmigkeit der Produktionsweise und der ihr entsprechenden Lebensbedingungen

do izenačenosti načina proizvodnje in življenjskih pogojev, ki mu ustrezajo

Die Herrschaft des Proletariats wird sie noch schneller verschwinden lassen

Prevlada proletariata bo povzročila, da bodo še hitreje izginili

Die einheitliche Aktion, wenigstens der führenden zivilisierten Länder, ist eine der ersten Bedingungen für die Befreiung des Proletariats

Združeno delovanje, vsaj vodilnih civiliziranih držav, je eden prvih pogojev za emancipacijo proletariata

In dem Maße, wie der Ausbeutung eines Individuums durch ein anderes ein Ende gesetzt wird, wird auch der

Ausbeutung einer Nation durch eine andere ein Ende gesetzt.

Sorazmerno z izkoriščanjem enega posameznika s strani drugega se bo končalo, se bo končalo tudi izkoriščanje enega naroda s strani drugega

In dem Maße, wie der Antagonismus zwischen den Klassen innerhalb der Nation verschwindet, wird die Feindschaft einer Nation gegen die andere ein Ende haben

Sorazmerno s tem, ko bo sovražnost med razredi znotraj naroda izginila, se bo sovražnost enega naroda do drugega končala

Die Anschuldigungen gegen den Kommunismus, die von einem religiösen, philosophischen und allgemein von einem ideologischen Standpunkt aus erhoben werden, verdienen keine ernsthafte Prüfung

Obtožbe proti komunizmu z verskega, filozofskega in na splošno z ideološkega stališča si ne zaslužijo resne preučitve

Braucht es eine tiefe Intuition, um zu begreifen, dass sich die Ideen, Ansichten und Vorstellungen des Menschen mit jeder Veränderung der Bedingungen seiner materiellen Existenz ändern?

Ali je potrebna globoka intuicija, da bi razumeli, da se človekove ideje, pogledi in pojmovanja spreminjajo z vsako spremembo pogojev njegovega materialnega obstoja?

Ist es nicht offensichtlich, dass das Bewusstsein des Menschen sich Verändert, wenn seine sozialen Beziehungen und sein soziales Leben ändern?

Ali ni očitno, da se človekova zavest spremeni, ko se spremenijo njegovi družbeni odnosi in njegovo družbeno življenje?

Was beweist die Ideengeschichte anderes, als daß die geistige Produktion ihren Charakter in dem Maße ändert, wie die materielle Produktion verändert wird?

Kaj drugega dokazuje zgodovina idej, kot da intelektualna proizvodnja spreminja svoj značaj sorazmerno s spreminjanjem materialne proizvodnje?

Die herrschenden Ideen eines jeden Zeitalters waren immer die Ideen seiner herrschenden Klasse
Vladajoče ideje vsake dobe so bile vedno ideje vladajočega razreda
Wenn Menschen von Ideen sprechen, die die Gesellschaft revolutionieren, drücken sie nur eine Tatsache aus
Ko ljudje govorijo o idejah, ki revolucionirajo družbo, izražajo le eno dejstvo
Innerhalb der alten Gesellschaft wurden die Elemente einer neuen geschaffen
V stari družbi so bili ustvarjeni elementi nove
und daß die Auflösung der alten Ideen mit der Auflösung der alten Daseinsverhältnisse Schritt hält
in da razpad starih idej sledi razkroju starih pogojev obstoja
Als die Antike in den letzten Zügen lag, wurden die alten Religionen vom Christentum überwunden
Ko je bil starodavni svet v zadnjih mukah, je krščanstvo premagalo starodavne religije
Als die christlichen Ideen im 18. Jahrhundert den rationalistischen Ideen erlagen, kämpfte die feudale Gesellschaft ihren Todeskampf mit der damals revolutionären Bourgeoisie
Ko so krščanske ideje v 18. stoletju podlegle racionalističnim idejam, se je fevdalna družba borila s takratno revolucionarno buržoazijo
Die Ideen der Religions- und Gewissensfreiheit brachten lediglich die Herrschaft des freien Wettbewerbs auf dem Gebiet des Wissens zum Ausdruck
Ideje o verski svobodi in svobodi vesti so le izrazile vpliv svobodne konkurence na področju znanja
"Zweifellos", wird man sagen, "sind religiöse, moralische, philosophische und juristische Ideen im Laufe der geschichtlichen Entwicklung modifiziert worden"
»Nedvomno,« bo rečeno, »so se verske, moralne, filozofske in pravne ideje med zgodovinskim razvojem spremenile«

"Aber Religion, Moralphilosophie, Politikwissenschaft und Recht überlebten diesen Wandel ständig."

"Toda religija, moralna filozofija, politična znanost in pravo so nenehno preživeli to spremembo"

"Es gibt auch ewige Wahrheiten, wie Freiheit, Gerechtigkeit usw."

"Obstajajo tudi večne resnice, kot so svoboda, pravičnost itd."

"Diese ewigen Wahrheiten sind allen Zuständen der Gesellschaft gemeinsam"

"Te večne resnice so skupne vsem družbenim stanjem"

"Aber der Kommunismus schafft die ewigen Wahrheiten ab, er schafft alle Religion und alle Moral ab."

"Toda komunizem odpravlja večne resnice, odpravlja vso religijo in vso moralo"

"Sie tut dies, anstatt sie auf einer neuen Grundlage zu konstituieren"

"to počne, namesto da bi jih sestavil na novi osnovi"

"Sie handelt daher im Widerspruch zu allen bisherigen historischen Erfahrungen"

"Zato deluje v nasprotju z vsemi preteklimi zgodovinskimi izkušnjami"

Worauf reduziert sich dieser Vorwurf?

Na kaj se ta obtožba omejuje?

Die Geschichte aller vergangenen Gesellschaften hat in der Entwicklung von Klassengegensätzen bestanden

Zgodovina vse pretekle družbe je bila sestavljena iz razvoja razrednih nasprotij

Antagonismen, die in verschiedenen Epochen unterschiedliche Formen annahmen

antagonizmi, ki so v različnih obdobjih prevzeli različne oblike

Aber welche Form sie auch immer angenommen haben mögen, eine Tatsache ist allen vergangenen Zeitaltern gemeinsam

Toda ne glede na to, kakšno obliko so imeli, je eno dejstvo skupno vsem preteklim obdobjem

die Ausbeutung eines Teils der Gesellschaft durch den anderen

izkoriščanje enega dela družbe s strani drugega

Kein Wunder also, dass sich das gesellschaftliche Bewußtsein vergangener Zeiten innerhalb gewisser allgemeiner Formen oder allgemeiner Vorstellungen bewegt

Zato ni čudno, da se družbena zavest preteklih obdobij giblje znotraj določenih skupnih oblik ali splošnih idej

(und das trotz aller Vielfalt und Vielfalt, die es zeigt)

(in to kljub vsej raznolikosti in raznolikosti, ki jo prikazuje)

Und diese können nur mit dem gänzlichen Verschwinden der Klassengegensätze völlig verschwinden

in ti ne morejo popolnoma izginiti, razen s popolnim izginotjem razrednih nasprotij

Die kommunistische Revolution ist der radikalste Bruch mit den traditionellen Eigentumsverhältnissen

Komunistična revolucija je najbolj radikalen prelom s tradicionalnimi lastninskimi razmerji

Kein Wunder, dass ihre Entwicklung den radikalsten Bruch mit den traditionellen Vorstellungen mit sich bringt

Nič čudnega, da njegov razvoj vključuje najbolj radikalen prelom s tradicionalnimi idejami

Aber lassen wir die Einwände der Bourgeoisie gegen den Kommunismus hinter uns

Toda končajmo z ugovori buržoazije proti komunizmu

Wir haben oben den ersten Schritt der Arbeiterklasse in der Revolution gesehen

Zgoraj smo videli prvi korak v revoluciji delavskega razreda

Das Proletariat muss zur Herrschaft erhoben werden, um den Kampf der Demokratie zu gewinnen

Proletariat je treba dvigniti v položaj vladanja, da bi zmagal v bitki za demokracijo

Das Proletariat wird seine politische Vorherrschaft benutzen, um der Bourgeoisie nach und nach alles Kapital zu entreißen

Proletariat bo uporabil svojo politično prevlado, da bo postopoma iztrgal ves kapital iz buržoazije

sie wird alle Produktionsmittel in den Händen des Staates zentralisieren

centralizirala bo vse proizvodne instrumente v rokah države

Mit anderen Worten, das Proletariat organisierte sich als herrschende Klasse

z drugimi besedami, proletariat se je organiziral kot vladajoči razred

Und sie wird die Summe der Produktivkräfte so schnell wie möglich vermehren

in čim hitreje bo povečala skupno proizvodno silo

Natürlich kann dies anfangs nur durch despotische Eingriffe in die Eigentumsrechte geschehen

Seveda se to na začetku ne more doseči drugače kot z despotskimi posegi v lastninske pravice

und sie muss unter den Bedingungen der Bourgeoisie Produktion erreicht werden

in to je treba doseči v pogojih buržoazijske proizvodnje

Sie wird also durch Maßnahmen erreicht, die wirtschaftlich unzureichend und unhaltbar erscheinen

To se torej doseže z ukrepi, ki se zdijo ekonomsko nezadostni in nevzdržni

aber diese Mittel überflügeln sich im Laufe der Bewegung selbst

Toda ta sredstva v teku gibanja presegajo sama sebe

sie erfordern weitere Eingriffe in die alte Gesellschaftsordnung

zahtevajo nadaljnje posege v stari družbeni red

und sie sind unvermeidlich, um die Produktionsweise völlig zu revolutionieren

in so neizogibni kot sredstvo za popolno revolucijo načina proizvodnje

Diese Maßnahmen werden natürlich in den verschiedenen Ländern unterschiedlich sein

Ti ukrepi se bodo seveda v različnih državah razlikovali

Nichtsdestotrotz wird in den am weitesten fortgeschrittenen Ländern das Folgende ziemlich allgemein anwendbar sein

Kljub temu bo v najnaprednejših državah na splošno veljalo naslednje:

1. Abschaffung des Grundeigentums und Verwendung aller Grundrenten für öffentliche Zwecke.

1. Odprava premoženja na zemljišču in uporaba vseh najemnin za zemljišča za javne namene.

2. Eine hohe progressive oder abgestufte Einkommensteuer.

2. Velik progresivni ali stopnjevani davek na dohodek.

3. Abschaffung jeglichen Erbrechts.

3. Odprava vsakršne pravice do dedovanja.

4. Konfiskation des Eigentums aller Emigranten und Rebellen.

4. Zaplemba premoženja vseh izseljencev in upornikov.

5. Zentralisierung des Kredits in den Händen des Staates durch eine Nationalbank mit staatlichem Kapital und ausschließlichem Monopol.

5. Centralizacija kreditov v rokah države prek nacionalne banke z državnim kapitalom in izključnim monopolom.

6. Zentralisierung der Kommunikations- und Transportmittel in den Händen des Staates.

6. Centralizacija komunikacijskih in prevoznih sredstev v rokah države.

7. Ausbau der Fabriken und Produktionsmittel im Eigentum des Staates

7. Razširitev tovarn in proizvodnih instrumentov v lasti države

die Kultivierung von Ödland und die Verbesserung des Bodens überhaupt nach einem gemeinsamen Plan.

obdelovanje odpadnih zemljišč in izboljšanje tal na splošno v skladu s skupnim načrtom.

8. Gleiche Haftung aller für die Arbeit

8. Enaka odgovornost vseh do dela

Aufbau von Industriearmeen, vor allem für die Landwirtschaft.

Ustanovitev industrijske vojske, zlasti za kmetijstvo.

9. Kombination der Landwirtschaft mit dem verarbeitenden Gewerbe

9. Združevanje kmetijstva s predelovalno industrijo

allmähliche Aufhebung der Unterscheidung zwischen Stadt und Land durch eine gleichmäßigere Verteilung der Bevölkerung über das Land.

postopna odprava razlikovanja med mestom in podeželjem z bolj enakomerno porazdelitvijo prebivalstva po državi.

10. Kostenlose Bildung für alle Kinder in öffentlichen Schulen.

10. Brezplačno izobraževanje za vse otroke v javnih šolah.

Abschaffung der Kinderfabrikarbeit in ihrer jetzigen Form

Odprava tovarniškega dela otrok v sedanji obliki

Kombination von Bildung und industrieller Produktion

Kombinacija izobraževanja z industrijsko proizvodnjo

Wenn im Laufe der Entwicklung die Klassenunterschiede verschwunden sind

Ko so med razvojem razredne razlike izginile

und wenn die ganze Produktion in den Händen einer ungeheuren Assoziation der ganzen Nation konzentriert ist

in ko je bila vsa proizvodnja skoncentrirana v rokah širokega združenja celotnega naroda

dann verliert die Staatsgewalt ihren politischen Charakter

Potem bo javna oblast izgubila svoj politični značaj

Politische Macht, eigentlich so genannt, ist nichts anderes als die organisierte Macht einer Klasse, um eine andere zu unterdrücken

Politična moč, pravilno imenovana, je le organizirana moč enega razreda za zatiranje drugega

Wenn das Proletariat in seinem Kampf mit der Bourgeoisie durch die Gewalt der Umstände gezwungen ist, sich als Klasse zu organisieren

Če je proletariat med svojim tekmovanjem z buržoazijo prisiljen zaradi sile okoliščin organizirati se kot razred

wenn sie sich durch eine Revolution zur herrschenden Klasse macht

če se z revolucijo spremeni v vladajoči razred

und als solche fegt sie mit Gewalt die alten Produktionsbedingungen hinweg

in kot taka s silo odstrani stare proizvodne pogoje

dann wird sie mit diesen Bedingungen auch die Bedingungen für die Existenz der Klassengegensätze und der Klassen überhaupt hinweggefegt haben

potem bo skupaj s temi pogoji odstranila pogoje za obstoj razrednih nasprotij in razredov na splošno

und wird damit seine eigene Vorherrschaft als Klasse aufgehoben haben.

in bo s tem odpravila svojo lastno prevlado kot razred.

An die Stelle der alten Bourgeoisie Gesellschaft mit ihren Klassen und Klassengegensätzen treten eine Assoziation

Namesto stare buržoazne družbe z njenimi razredi in razrednimi nasprotji bomo imeli združenje

eine Assoziation, in der die freie Entwicklung eines jeden die Bedingung für die freie Entwicklung aller ist

združenje, v katerem je svoboden razvoj vsakega pogoj za svoboden razvoj vseh

1) Reaktionärer Sozialismus
1) Reakcionarni socializem

a) Feudaler Sozialismus
a) Fevdalni socializem

die Aristokratien Frankreichs und Englands hatten eine
einzigartige historische Stellung
aristokracije Francije in Anglije so imele edinstven
zgodovinski položaj
es wurde zu ihrer Berufung, Pamphlete gegen die moderne
Boureoisie Gesellschaft zu schreiben
postala je njihova poklicanost, da pišejo brošure proti sodobni
buržoazni družbi
In der französischen Revolution vom Juli 1830 und in der
englischen Reformagitation
V francoski revoluciji julija 1830 in v angleški reformni
agitaciji
Diese Aristokratien erlagen wieder dem hasserfüllten
Emporkömmling
Te aristokracije so spet podlegle sovražnemu začetniku
An eine ernsthafte politische Auseinandersetzung war
fortan nicht mehr zu denken
Od takrat naprej resno politično tekmovanje sploh ne pride v
poštev
Alles, was möglich blieb, war eine literarische Schlacht,
keine wirkliche Schlacht
Vse, kar je ostalo mogoče, je bila literarna bitka, ne dejanska
bitka
Aber auch auf dem Gebiet der Literatur waren die alten
Schreie der Restaurationszeit unmöglich geworden
Toda tudi na področju literature so stari kriki iz obdobja
obnove postali nemogoči
Um Sympathie zu erregen, mußte die Aristokratie offenbar
ihre eigenen Interessen aus den Augen verlieren

Da bi vzbudila sočutje, je bila aristokracija prisiljena pozabiti na svoje interese

und sie waren gezwungen, ihre Anklage gegen die Bourgeoisie im Interesse der ausgebeuteten Arbeiterklasse zu formulieren

in morali so oblikovati svojo obtožnico proti buržoaziji v interesu izkoriščanega delavskega razreda

So rächte sich die Aristokratie, indem sie ihren neuen Herrn verspottete

Tako se je aristokracija maščevala s petjem posmehov svojemu novemu gospodarju

Und sie rächten sich, indem sie ihm unheimliche Prophezeiungen über die kommende Katastrophe ins Ohr flüsterten

in maščevali so se tako, da so mu v ušesa šepetali zlovešče prerokbe o prihajajoči katastrofi

So entstand der feudale Sozialismus: halb Klage, halb Spott

Tako je nastal fevdalni socializem: napol žalovanje, napol poniževanje

Es klang halb wie ein Echo der Vergangenheit und projizierte halb die Bedrohung der Zukunft

odmeval je kot pol odmev preteklosti in napol projiciral grožnjo prihodnosti

zuweilen traf sie durch ihre bittere, geistreiche und scharfe Kritik die Bourgeoisie bis ins Mark

včasih je s svojo grenko, duhovito in ostro kritiko udaril buržoazijo do samega srca

aber es war immer lächerlich in seiner Wirkung, weil es völlig unfähig war, den Gang der neueren Geschichte zu begreifen

vendar je bil vedno smešen v svojem učinku, zaradi popolne nezmožnosti, da bi razumel pohod sodobne zgodovine

Die Aristokratie schwenkte, um das Volk um sich zu scharen, den proletarischen Almosensack als Banner

Aristokracija, da bi zbrala ljudstvo, je spredaj mahala s proletarsko miloščino za prapor

Aber das Volk, so oft es sich zu ihnen gesellte, sah auf
seinem Hinterteil die alten Feudalwappen
Toda ljudstvo je tako pogosto, ko se jim je pridružilo, na
zadnjem delu videlo stare fevdalne grbe
Und sie verließen mit lautem und respektlosem Gelächter
in dezertirali so z glasnim in nespoštljivim smehom
Ein Teil der französischen Legitimisten und des "jungen
Englands" zeigte dieses Schauspiel
En del francoskih legitimistov in "Mlade Anglije" je razstavljal
ta spektakel
die Feudalisten wiesen darauf hin, dass ihre
Ausbeutungsweise eine andere sei als die der Bourgeoisie
fevdalisti so poudarili, da je njihov način izkoriščanja
drugačen od načina buržoazije
Die Feudalisten vergessen, dass sie unter ganz anderen
Umständen und Bedingungen ausgebeutet haben
Fevdalisti pozabljajo, da so izkoriščali v okoliščinah in
pogojih, ki so bili precej drugačni
Und sie haben nicht bemerkt, dass solche Methoden der
Ausbeutung heute veraltet sind
In niso opazili, da so takšne metode izkoriščanja zdaj zastarele
Sie zeigten, dass unter ihrer Herrschaft das moderne
Proletariat nie existiert hat
Pokazali so, da pod njihovo vladavino sodobni proletariat
nikoli ni obstajal
aber sie vergessen, daß die moderne Bourgeoisie der
notwendige Sprößling ihrer eigenen Gesellschaftsform ist
vendar pozabljajo, da je sodobna buržoazija nujen potomec
njihove lastne oblike družbe
Im übrigen verbergen sie kaum den reaktionären Charakter
ihrer Kritik
Za ostalo komaj skrivajo reakcionarni značaj svoje kritike
ihre Hauptanklage gegen die Bourgeoisie läuft auf
folgendes hinaus
njihova glavna obtožba proti buržoaziji je naslednja

unter dem Boureoisie Regime entwickelt sich eine soziale Klasse

pod buržoaznim režimom se razvija družbeni razred

Diese soziale Klasse ist dazu bestimmt, die alte Gesellschaftsordnung an der Wurzel zu zerschneiden

temu družbenemu razredu je usojeno, da razreže korenine in razveje stari družbeni red

Womit sie die Bourgeoisie aufpeppen, ist nicht so sehr, dass sie ein Proletariat schafft

Z čim grajajo buržoazijo, ni toliko to, da ustvarja proletariat

womit sie die Bourgeoisie aufpeppen, ist mehr, dass sie ein revolutionäres Proletariat schafft

s čimer grajajo buržoazijo, je še bolj, da ustvarja revolucionarni proletariat

In der politischen Praxis beteiligen sie sich daher an allen Zwangsmaßnahmen gegen die Arbeiterklasse

V politični praksi se zato pridružujejo vsem prisilnim ukrepom proti delavskemu razredu

Und im gewöhnlichen Leben bücken sie sich, trotz ihrer hochtrabenden Phrasen, um die goldenen Äpfel aufzuheben, die vom Baum der Industrie fallen gelassen wurden

in v vsakdanjem življenju se kljub svojim vzvišenim stavkom sklonijo, da bi pobrali zlata jabolka, ki so padla z drevesa industrije

Und sie tauschen Wahrheit, Liebe und Ehre gegen den Handel mit Wolle, Rote-Bete-Zucker und Kartoffelbränden

in menjajo resnico, ljubezen in čast za trgovino z volno, sladkorjem iz rdeče pese in žganjem krompirja

Wie der Pfarrer immer Hand in Hand mit dem Gutsherrn gegangen ist, so ist es der klerikale Sozialismus mit dem feudalen Sozialismus getan

Tako kot je župnik vedno šel z roko v roki z lastnikom, je tudi klerikalni socializem s fevdalnim socializmom

Nichts ist leichter, als der christlichen Askese einen sozialistischen Anstrich zu geben

Nič ni lažjega kot dati krščanskemu asketizmu socialistični pridih

Hat nicht das Christentum gegen das Privateigentum, gegen die Ehe, gegen den Staat deklamiert?

Ali ni krščanstvo proti zasebni lastnini, proti poroki, proti državi?

Hat das Christentum nicht an die Stelle dieser Nächstenliebe und Armut getreten?

Ali ni krščanstvo pridigalo namesto teh, ljubezni in revščine?

Predigt das Christentum nicht den Zölibat und die Abtötung des Fleisches, das monastische Leben und die Mutter Kirche?

Ali krščanstvo ne prdiga o celibatu in mrtvičenju mesa, meniškem življenju in materi Cerkvi?

Der christliche Sozialismus ist nur das Weihwasser, mit dem der Priester das Herzbrennen des Aristokraten weiht

Krščanski socializem je le sveta voda, s katero duhovnik posvećuje goreče srce aristokrata

b) Kleinbürgerlicher Sozialismus
b) Maloburžoazni socializem

Die feudale Aristokratie war nicht die einzige Klasse, die von der Bourgeoisie ruiniert wurde
Fevdalna aristokracija ni bila edini razred, ki ga je uničila buržoazija
sie war nicht die einzige Klasse, deren Existenzbedingungen in der Atmosphäre der modernen Bourgeoisie Gesellschaft schmachten und zugrunde gingen
ni bil edini razred, katerega pogoji obstoja so hrepeneli in izginili v ozračju sodobne buržoazne družbe
Die mittelalterliche Bürgerschaft und die kleinbäuerlichen Eigentümer waren die Vorläufer des modernen Bourgeoisie
Srednjeveški meščani in mali kmečki lastniki so bili predhodniki sodobne buržoazije
In den Ländern, die industriell und kommerziell nur wenig entwickelt sind, vegetieren diese beiden Klassen noch Seite an Seite
V tistih državah, ki so industrijsko in komercialno le malo razvite, ta dva razreda še vedno vegetirata drug ob drugem
und in der Zwischenzeit erhebt sich die Bourgeoisie neben ihnen: industriell, kommerziell und politisch
medtem pa se poleg njih dvigne buržoazija: industrijsko, komercialno in politično
In den Ländern, in denen die moderne Zivilisation voll entwickelt ist, hat sich eine neue Klasse des Kleinbourgeoisie gebildet
V državah, kjer je sodobna civilizacija postala popolnoma razvita, se je oblikoval nov razred drobne buržoazije
diese neue soziale Klasse schwankt zwischen Proletariat und Bourgeoisie
ta novi družbeni razred niha med proletariatom in buržoazijo
und sie erneuert sich ständig als ergänzender Teil der Bourgeoisie Gesellschaft
in se vedno obnavlja kot dopolnilni del buržoazne družbe

**Die einzelnen Glieder dieser Klasse aber werden
fortwährend in das Proletariat hinabgeschleudert**

Posamezni člani tega razreda pa so nenehno vrženi v
proletariat

**sie werden vom Proletariat durch die Einwirkung der
Konkurrenz aufgesaugt**

Proletariat jih sesa z delovanjem konkurence

**In dem Maße, wie sich die moderne Industrie entwickelt,
sehen sie sogar den Augenblick herannahen, in dem sie als
eigenständiger Teil der modernen Gesellschaft völlig
verschwinden wird**

Ko se sodobna industrija razvija, se približuje celo trenutek, ko
bodo popolnoma izginili kot neodvisen del sodobne družbe

**Sie werden in der Manufaktur, in der Landwirtschaft und
im Handel durch Aufseher, Gerichtsvollzieher und Krämer
ersetzt werden**

v manufakturah, kmetijstvu in trgovini jih bodo nadomestili
nadzorniki, sodni izvršitelji in trgovci

**In Ländern wie Frankreich, wo die Bauern weit mehr als die
Hälfte der Bevölkerung ausmachen**

V državah, kot je Francija, kjer kmetje predstavljajo veliko več
kot polovico prebivalstva

**es war natürlich, dass es Schriftsteller gab, die sich auf die
Seite des Proletariats gegen die Bourgeoisie stellten**

naravno je bilo, da obstajajo pisatelji, ki so se postavili na stran
proletariata proti buržoaziji

**in ihrer Kritik am Bourgeoisie Regime benutzten sie den
Maßstab des Bauern- und Kleinbourgeoisie**

v svoji kritiki buržoaznega režima so uporabili standard
kmečke in drobne buržoazije

**Und vom Standpunkt dieser Zwischenklassen aus ergreifen
sie die Keule für die Arbeiterklasse**

in s stališča teh vmesnih razredov prevzamejo palico za
delavski razred

So entstand der Kleinbourgeoisie Sozialismus, dessen
Haupt Sismondi nicht nur in Frankreich, sondern auch in
England war
Tako je nastal maloburžoazni socializem, katerega vodja je bil
Sismondi v tej šoli, ne samo v Franciji, ampak tudi v Angliji
Diese Schule des Sozialismus sezierte mit großer Schärfe die
Widersprüche in den Bedingungen der modernen
Produktion
Ta šola socializma je z veliko ostrino secirala protislovja v
pogojih sodobne proizvodnje
Diese Schule entlarvte die heuchlerischen
Entschuldigungen der Ökonomen
Ta šola je razkrila hinavska opravičila ekonomistov
Diese Schule bewies unwiderlegbar die verheerenden
Auswirkungen der Maschinerie und der Arbeitsteilung
Ta šola je nesporno dokazala katastrofalne učinke strojev in
delitve dela
Es bewies die Konzentration von Kapital und Grund und
Boden in wenigen Händen
dokazal je koncentracijo kapitala in zemlje v nekaj rokah
sie bewies, wie Überproduktion zu Bourgeoisie-Krisen führt
dokazalo je, kako prekomerna proizvodnja vodi v
buržoazijske krize
sie wies auf den unvermeidlichen Ruin des
Kleinbourgeoisie' und der Bauern hin
opozoril je na neizogiben propad drobne buržoazije in kmetov
das Elend des Proletariats, die Anarchie in der Produktion,
die schreiende Ungleichheit in der Verteilung des
Reichtums
beda proletariata, anarhija v proizvodnji, kričeče neenakosti
pri porazdelitvi bogastva
Er zeigte, wie das Produktionssystem den industriellen
Vernichtungskrieg zwischen den Nationen führt
Pokazal je, kako proizvodni sistem vodi industrijsko vojno za
iztrebljanje med narodi

die Auflösung der alten sittlichen Bande, der alten Familienverhältnisse, der alten Nationalitäten

razpad starih moralnih vezi, starih družinskih odnosov, starih narodnosti

In ihren positiven Zielen strebt diese Form des Sozialismus jedoch eines von zwei Dingen an

V svojih pozitivnih ciljih pa si ta oblika socializma prizadeva doseči eno od dveh stvari

Entweder zielt sie darauf ab, die alten Produktions- und Tauschmittel wiederherzustellen

ali je njen cilj obnoviti stara proizvodna in menjalna sredstva

und mit den alten Produktionsmitteln würde sie die alten Eigentumsverhältnisse und die alte Gesellschaft wiederherstellen

in s starimi proizvodnimi sredstvi bi obnovila stara lastninska razmerja in staro družbo

oder sie zielt darauf ab, die modernen Produktions- und Austauschmittel in den alten Rahmen der Eigentumsverhältnisse zu zwängen

ali pa si prizadeva sodobna proizvodna in menjalna sredstva stisniti v stari okvir lastninskih razmerij

In beiden Fällen ist es sowohl reaktionär als auch utopisch

V obeh primerih je reakcionarna in utopična

Seine letzten Worte lauten: Korporativzünfte für die Manufaktur, patriarchalische Verhältnisse in der Landwirtschaft

Njegove zadnje besede so: korporativni cehi za proizvodnjo, patriarhalni odnosi v kmetijstvu

Schließlich, als hartnäckige historische Tatsachen alle berauschenden Wirkungen der Selbsttäuschung zerstreut hatten,

Konec koncev, ko so trmasta zgodovinska dejstva razpršila vse opojne učinke samoprevare

diese Form des Sozialismus endete in einem elenden Anfall von Mitleid

ta oblika socializma se je končala z bednim napadom
usmiljenja

c) Deutscher oder "wahrer" Sozialismus
c) nemški ali »pravi« socializem

**Die sozialistische und kommunistische Literatur
Frankreichs entstand unter dem Druck einer herrschenden
Bourgeoisie**
Socialistična in komunistična literatura Francije je nastala pod
pritiskom buržoazije na oblasti
**Und diese Literatur war der Ausdruck des Kampfes gegen
diese Macht**
in ta literatura je bila izraz boja proti tej moči
**sie wurde in Deutschland zu einer Zeit eingeführt, als die
Bourgeoisie gerade ihren Kampf mit dem feudalen
Absolutismus begonnen hatte**
v Nemčijo je bila uvedena v času, ko je buržoazija šele začela
tekmovati s fevdalnim absolutizmom
**Deutsche Philosophen, Möchtegern-Philosophen und Beaux
Esprits griffen begierig zu dieser Literatur**
Nemški filozofi, bodoči filozofi in lepi duhovi so se navdušeno
lotili te literature
**aber sie vergaßen, daß die Schriften aus Frankreich nach
Deutschland einwanderten, ohne die französischen
Gesellschaftsverhältnisse mitzubringen**
vendar so pozabili, da so se spisi priselili iz Francije v
Nemčijo, ne da bi s seboj pripeljali francoske socialne razmere
**Im Kontakt mit den deutschen gesellschaftlichen
Verhältnissen verlor diese französische Literatur ihre
unmittelbare praktische Bedeutung**
V stiku z nemškimi družbenimi razmerami je ta francoska
literatura izgubila ves svoj neposredni praktični pomen

und die kommunistische Literatur Frankreichs nahm in
deutschen akademischen Kreisen einen rein literarischen
Aspekt an

in komunistična literatura Francije je v nemških akademskih
krogih prevzela čisto literarni vidik

So waren die Forderungen der ersten Französischen
Revolution nichts anderes als die Forderungen der
"praktischen Vernunft"

Tako zahteve prve francoske revolucije niso bile nič drugega
kot zahteve »praktičnega razuma«

und die Willensäußerung der revolutionären französischen
Bourgeoisie bedeutete in ihren Augen das Gesetz des reinen
Willens

in izrek volje revolucionarne francoske buržoazije je v njihovih
očeh pomenil zakon čiste volje

es bedeutete den Willen, wie er sein mußte; des wahren
menschlichen Willens überhaupt

pomenila je voljo, kakršna je morala biti; resnične človeške
volje na splošno

Die Welt der deutschen Literaten bestand einzig und allein
darin, die neuen französischen Ideen mit ihrem alten
philosophischen Gewissen in Einklang zu bringen

Svet nemških literatov je bil sestavljen izključno iz tega, da so
nove francoske ideje uskladili z njihovo starodavno filozofsko
vestjo

oder vielmehr, sie annektierten die französischen Ideen,
ohne ihren eigenen philosophischen Standpunkt
aufzugeben

ali bolje, priključili so francoske ideje, ne da bi zapustili svoje
filozofsko stališče

Diese Annexion vollzog sich auf die gleiche Weise, wie man
sich eine Fremdsprache aneignet, nämlich durch
Übersetzung

Ta priključitev je bila izvedena na enak način, kot si je
prisvojen tuji jezik, in sicer s prevodom

Es ist bekannt, wie die Mönche alberne Leben katholischer Heiliger über Manuskripte schrieben
Znano je, kako so menihi nad rokopisi pisali neumna življenja katoliških svetnikov
die Manuskripte, auf denen die klassischen Werke des antiken Heidentums geschrieben waren
rokopisi, na katerih so bila napisana klasična dela starodavnega poganstva
Die deutschen Literaten kehrten diesen Prozess mit der profanen französischen Literatur um
Nemški literati so ta proces obrnili s profano francosko literaturo
Sie schrieben ihren philosophischen Unsinn unter das französische Original
Svoj filozofski nesmisel so napisali pod francoskim izvirnikom
Zum Beispiel schrieben sie unter der französischen Kritik an den ökonomischen Funktionen des Geldes "Entfremdung der Menschheit"
Na primer, pod francosko kritiko ekonomskih funkcij denarja so napisali "Odtujitev človeštva"
unter die französische Kritik am Bourgeoisie Staat schrieben sie "Entthronung der Kategorie des Generals"
pod francosko kritiko buržoazne države so napisali »detronizacijo kategorije generala«
Die Einführung dieser philosophischen Phrasen hinter der französischen Geschichtskritik nannten sie:
Uvedba teh filozofskih fraz na zadnji strani francoske zgodovinske kritike, ki so jo poimenovali:
"Philosophie des Handelns", "Wahrer Sozialismus", "Deutsche Sozialismuswissenschaft", "Philosophische Grundlagen des Sozialismus" und so weiter
"Filozofija delovanja", "Pravi socializem", "Nemška znanost socializma", "Filozofski temelji socializma" in tako naprej
Die französische sozialistische und kommunistische Literatur wurde damit völlig entmannt

Francoska socialistična in komunistična literatura je bila tako
popolnoma izčrpana
**in den Händen der deutschen Philosophen hörte sie auf, den
Kampf der einen Klasse mit der anderen auszudrücken**
v rokah nemških filozofov je prenehal izražati boj enega
razreda z drugim
**und so fühlten sich die deutschen Philosophen bewußt, die
"französische Einseitigkeit" überwunden zu haben**
in tako so se nemški filozofi zavedali, da so premagali
»francosko enostranskost«
**Sie musste keine wahren Forderungen repräsentieren,
sondern sie repräsentierte Forderungen der Wahrheit**
ni bilo treba, da predstavlja resnične zahteve, temveč je
predstavljal zahteve resnice
**es gab kein Interesse am Proletariat, sondern an der
menschlichen Natur**
ni bilo zanimanja za proletariat, temveč za človeško naravo
**das Interesse galt dem Menschen überhaupt, der keiner
Klasse angehört und keine Wirklichkeit hat**
zanimanje je bilo za človeka na splošno, ki ne pripada
nobenemu razredu in nima resničnosti
**ein Mann, der nur im nebligen Reich der philosophischen
Fantasie existiert**
človek, ki obstaja samo v meglenem kraljestvu filozofske
fantazije
**aber schließlich verlor auch dieser deutsche
Schulsozialismus seine pedantische Unschuld**
toda sčasoma je tudi ta šolarski nemški socializem izgubil
svojo pedantno nedolžnost
**die deutsche Bourgeoisie und besonders die preußische
Bourgeoisie kämpfte gegen die feudale Aristokratie**
nemška buržoazija, zlasti pruska buržoazija, pa se je borila
proti fevdalni aristokraciji.
**auch die absolute Monarchie Deutschlands und Preußens
wurde bekämpft**
absolutna monarhija Nemčije in Prusije je bila prav tako proti

Und im Gegenzug wurde auch die Literatur der liberalen Bewegung ernster

in po drugi strani je tudi literatura liberalnega gibanja postala bolj resna

Deutschlands lang ersehnte Chance auf einen "wahren" Sozialismus wurde geboten

Nemški dolgo želena priložnost za »pravi« socializem je bila ponujena

die Möglichkeit, die politische Bewegung mit den sozialistischen Forderungen zu konfrontieren

priložnost za soočenje političnega gibanja s socialističnimi zahtevami

die Gelegenheit, die traditionellen Bannsprüche gegen den Liberalismus zu schleudern

priložnost za metanje tradicionalnih prekletstev proti liberalizmu

die Möglichkeit, die repräsentative Regierung und die Bourgeoisie Konkurrenz anzugreifen

priložnost za napad na predstavniško vlado in buržoazno konkurenco

Pressefreiheit der Bourgeoisie, Bourgeoisie Gesetzgebung, Bourgeoisie Freiheit und Gleichheit

Buržoazna svoboda tiska, buržoazna zakonodaja, buržoazna svoboda in enakost

All dies könnte nun in der realen Welt kritisiert werden, anstatt in der Fantasie

Vse to bi zdaj lahko kritizirali v resničnem svetu, ne pa v fantaziji

Feudalaristokratie und absolute Monarchie hatten den Massen lange gepredigt

fevdalna aristokracija in absolutna monarhija sta že dolgo pridigali množicam

"Der Arbeiter hat nichts zu verlieren und er hat alles zu gewinnen"

»Delavec nima ničesar izgubiti in lahko pridobi vse«

auch die Bourgeoisie bewegung bot eine Chance, sich mit diesen Plattitüden auseinanderzusetzen

buržoazno gibanje je ponudilo tudi priložnost za soočenje s temi puhlimi besedami

die französische Kritik setzte die Existenz der modernen Bourgeoisie Gesellschaft voraus

francoska kritika je predpostavljala obstoj sodobne buržoazne družbe

Bourgeoisie, ökonomische Existenzbedingungen und Bourgeoisie politische Verfassung

Buržoazijski ekonomski pogoji obstoja in buržoazna politična ustava

gerade die Dinge, deren Errungenschaft Gegenstand des in Deutschland anstehenden Kampfes war

prav tiste stvari, katerih doseganje je bilo predmet nenešenega boja v Nemčiji

Deutschlands albernes Echo des Sozialismus hat diese Ziele gerade noch rechtzeitig aufgegeben

Nemški neumni odmev socializma je te cilje opustil ravno ob pravem času

Die absoluten Regierungen hatten ihre Gefolgschaft aus Pfarrern, Professoren, Landjunkern und Beamten

Absolutne vlade so imele svoje privržence župnike, profesorje, podeželske veverice in uradnike

die damalige Regierung begegnete den deutschen Arbeiteraufständen mit Auspeitschungen und Kugeln

takratna vlada je nemške delavske vstaje sprejela s bičanjem in naboji

ihnen diente dieser Sozialismus als willkommene Vogelscheuche gegen die drohende Bourgeoisie

zanje je ta socializem služil kot dobrodošlo strašilo proti grozeči buržoaziji

und die deutsche Regierung konnte nach den bitteren Pillen, die sie austeilte, ein süßes Dessert anbieten

nemška vlada pa je lahko ponudila sladko sladico po grenkih tabletah, ki jih je razdelila

dieser "wahre" Sozialismus diente also den Regierungen als Waffe im Kampf gegen die deutsche Bourgeoisie

ta »pravi« socializem je tako služil vladam kot orožje za boj proti nemški buržoaziji

und gleichzeitig repräsentierte sie direkt ein reaktionäres Interesse; die der deutschen Philister

hkrati pa je neposredno predstavljal reakcionarni interes; Nemški Filistejci

In Deutschland ist das Kleinbourgeoisie die wirkliche gesellschaftliche Grundlage des bestehenden Zustandes

V Nemčiji je razred drobne buržoazije resnična družbena osnova obstoječega stanja stvari

Ein Relikt des sechzehnten Jahrhunderts, das immer wieder in verschiedenen Formen auftaucht

relikvija šestnajstega stoletja, ki se nenehno pojavlja v različnih oblikah

Diese Klasse zu bewahren bedeutet, den bestehenden Zustand in Deutschland zu bewahren

Ohraniti ta razred pomeni ohraniti obstoječe stanje v Nemčiji

Die industrielle und politische Vorherrschaft der Bourgeoisie bedroht das KleinBourgeoisie mit der sicheren Vernichtung

Industrijska in politična prevlada buržoazije grozi drobni buržoaziji z gotovim uničenjem

auf der einen Seite droht sie das Kleinbourgeoisiedurch die Konzentration des Kapitals zu vernichten

po eni strani grozi, da bo s koncentracijo kapitala uničila drobno buržoazijo

auf der anderen Seite droht die Bourgeoisie, sie durch den Aufstieg eines revolutionären Proletariats zu zerstören

po drugi strani pa buržoazija grozi, da jo bo uničila z vzponom revolucionarnega proletariata

Der "wahre" Sozialismus schien diese beiden Fliegen mit einer Klappe zu schlagen. Es breitete sich wie eine Epidemie aus

Zdi se, da je "pravi" socializem ubil ti dve ptici z enim kamnom. Razširila se je kot epidemija

Das Gewand spekulativer Spinnweben, bestickt mit Blumen der Rhetorik, durchtränkt vom Tau kränklicher Gefühle

Obleka špekulativne pajčevine, vezena s cvetovi retorike, prežeta z roso bolnih čustev

dieses transzendentale Gewand, in das die deutschen Sozialisten ihre traurigen "ewigen Wahrheiten" hüllten

ta transcendentalna obleka, v katero so nemški socialisti zavili svoje žalostne »večne resnice«

alle Haut und Knochen, dienten dazu, den Absatz ihrer Waren bei einem solchen Publikum wunderbar zu vermehren.

vso kožo in kosti, ki so čudovito povečale prodajo njihovega blaga med takšno javnostjo

Und der deutsche Sozialismus seinerseits erkannte mehr und mehr seine eigene Berufung

Nemški socializem pa je vedno bolj priznaval svoj poklic

sie war berufen, die bombastische Vertreterin des Kleinbourgeoisie Philisters zu sein

imenovali so ga, da je bombastični predstavnik maloburžoaznega filistejca

Sie proklamierte die deutsche Nation als Musternation und den deutschen Kleinphilister als Mustermann

Nemški narod je razglasil za vzorni narod in nemškega drobnega Filistejca za vzornega človeka

Jeder schurkischen Gemeinheit dieses Mustermenschen gab sie eine verborgene, höhere, sozialistische Deutung

Vsaki zlobni zlobnosti tega vzornega človeka je dala skrito, višjo, socialistično razlago

diese höhere, sozialistische Deutung war das genaue Gegenteil ihres wirklichen Charakters

ta višja, socialistična razlaga je bila ravno nasprotje njenega resničnega značaja

Sie ging so weit, sich der "brutal destruktiven" Tendenz des Kommunismus direkt entgegenzustellen

Šel je do skrajnosti, da je neposredno nasprotoval "brutalno uničujoči" težnji komunizma

und sie proklamierte ihre höchste und unparteiische Verachtung aller Klassenkämpfe

in razglasil je svoj vrhovni in nepristranski prezir do vseh razrednih bojev

Mit sehr wenigen Ausnahmen gehören alle sogenannten sozialistischen und kommunistischen Publikationen, die jetzt (1847) in Deutschland zirkulieren, in den Bereich dieser üblen und entnervenden Literatur

Z zelo redkimi izjemami vse tako imenovane socialistične in komunistične publikacije, ki zdaj (1847) krožijo po Nemčiji, spadajo v domeno te umazane in izčrpavajoče literature

2) Konservativer Sozialismus oder bürgerlicher Sozialismus
2) konservativni socializem ali buržoazijski socializem

Ein Teil der Bourgeoisie will soziale Missstände beseitigen
Del buržoazije si želi odpraviti družbene zamere
um den Fortbestand der Bourgeoisie Gesellschaft zu sichern
da bi zagotovili nadaljnji obstoj buržoazne družbe
Zu dieser Sektion gehören Ökonomen, Philanthropen,
Menschenfreunde
V to poglavje spadajo ekonomisti, filantropi, človekoljubci
Verbesserer der Lage der Arbeiterklasse und Organisatoren
der Wohltätigkeit
izboljševalci položaja delavskega razreda in organizatorji
dobrodelnosti
Mitglieder von Gesellschaften zur Verhütung von
Tierquälerei
člani društev za preprečevanje krutosti do živali
Mäßigkeitsfanatiker, Loch-und-Ecken-Reformer aller
erdenklichen Art
fanatiki zmernosti, reformatorji lukenj in vogalov vseh možnih
vrst
Diese Form des Sozialismus ist überdies zu vollständigen
Systemen ausgearbeitet worden
Poleg tega je bila ta oblika socializma razvita v popolne
sisteme
Als Beispiel für diese Form sei Proudhons "Philosophie de
la Misère" angeführt
Kot primer te oblike lahko navedemo Proudhonovo
"Philosophie de la Misère"
Die sozialistische Bourgeoisie will alle Vorteile der
modernen gesellschaftlichen Verhältnisse
Socialistična buržoazija želi vse prednosti sodobnih družbenih
razmer
aber die sozialistische Bourgeoisie will nicht unbedingt die
daraus resultierenden Kämpfe und Gefahren

vendar socialistična buržoazija ne želi nujno posledičnih bojev
in nevarnosti

**Sie wollen den bestehenden Zustand der Gesellschaft,
abzüglich ihrer revolutionären und zerfallenden Elemente**

Želijo si obstoječega stanja družbe, brez njenih
revolucionarnih in razpadajočih elementov

**mit anderen Worten, sie wünschen sich eine Bourgeoisie
ohne Proletariat**

z drugimi besedami, želijo buržoazijo brez proletariata

**Die Bourgeoisie begreift natürlich die Welt, in der sie die
höchste ist, die Beste zu sein**

Buržoazija si naravno dojema svet, v katerem je najvišja biti
najboljša

**und der Bourgeoisie Sozialismus entwickelt diese bequeme
Auffassung zu verschiedenen mehr oder weniger
vollständigen Systemen**

in buržoazijski socializem razvija to udobno pojmovanje v
različne bolj ali manj popolne sisteme

**sie wünschen sich sehr, dass das Proletariat geradewegs in
das soziale Neue Jerusalem marschiert**

zelo bi si želeli, da bi proletariat takoj vkorakal v socialni Novi
Jeruzalem

**Aber in Wirklichkeit verlangt sie, dass das Proletariat
innerhalb der Grenzen der bestehenden Gesellschaft bleibt**

v resnici pa zahteva, da proletariat ostane v mejah obstoječe
družbe

**sie fordern das Proletariat auf, alle seine hasserfüllten Ideen
über die Bourgeoisie abzulegen**

od proletariata zahtevajo, naj zavrže vse njihove sovražne
ideje o buržoaziji

**es gibt eine zweite, praktischere, aber weniger systematische
Form dieses Sozialismus**

obstaja še druga, bolj praktična, vendar manj sistematična
oblika tega socializma

**Diese Form des Sozialismus versuchte, jede revolutionäre
Bewegung in den Augen der Arbeiterklasse abzuwerten**

Ta oblika socializma je poskušala razvrednotiti vsako
revolucionarno gibanje v očeh delavskega razreda
**Sie argumentieren, dass keine bloße politische Reform für
sie von Vorteil sein könnte**
trdijo, da jim nobena politična reforma ne bi mogla biti
koristna
**nur eine Veränderung der materiellen Existenzbedingungen
in den wirtschaftlichen Beziehungen ist von Nutzen**
koristi le sprememba materialnih pogojev obstoja v
gospodarskih odnosih
**Wie der Kommunismus tritt auch diese Form des
Sozialismus für eine Veränderung der materiellen
Existenzbedingungen ein**
Tako kot komunizem se tudi ta oblika socializma zavzema za
spremembo materialnih pogojev obstoja
**Diese Form des Sozialismus bedeutet jedoch keineswegs,
dass die Bourgeoisie Produktionsverhältnisse abgeschafft
werden**
vendar ta oblika socializma nikakor ne kaže na odpravo
buržoaznih proizvodnih razmerij
**die Abschaffung der Bourgeoisie Produktionsverhältnisse
kann nur durch eine Revolution erreicht werden**
odpravo buržoaznih proizvodnih odnosov je mogoče doseči le
z revolucijo
**Doch statt einer Revolution schlägt diese Form des
Sozialismus Verwaltungsreformen vor**
Toda namesto revolucije ta oblika socializma predlaga
upravne reforme
**und diese Verwaltungsreformen würden auf dem
Fortbestand dieser Beziehungen beruhen**
in te upravne reforme bi temeljile na nadaljnjem obstoju teh
odnosov
**Reformen, die in keiner Weise die Beziehungen zwischen
Kapital und Arbeit berühren**
reforme, ki torej v nobenem pogledu ne vplivajo na odnose
med kapitalom in delom

im besten Fall verringern solche Reformen die Kosten und vereinfachen die Verwaltungsarbeit der Bourgeoisie Regierung

v najboljšem primeru takšne reforme zmanjšajo stroške in poenostavijo upravno delo buržoazne vlade

Der Bourgeoisie Sozialismus kommt dann und nur dann adäquat zum Ausdruck, wenn er zur bloßen Redewendung wird

Buržoazni socializem doseže ustrezen izraz, ko in samo takrat, ko postane zgolj govorna figura

Freihandel: zum Wohle der Arbeiterklasse

Prosta trgovina: v korist delavskega razreda

Schutzpflichten: zum Wohle der Arbeiterklasse

Zaščitne dolžnosti: v korist delavskega razreda

Gefängnisreform: zum Wohle der Arbeiterklasse

Reforma zaporov: v korist delavskega razreda

Das ist das letzte Wort und das einzig ernst gemeinte Wort des Bourgeoisie Sozialismus

To je zadnja beseda in edina resno mišljena beseda buržoaznega socializma

Sie ist in dem Satz zusammengefasst: Die Bourgeoisie ist eine Bourgeoisie zum Wohle der Arbeiterklasse

Povzeto je v stavku: buržoazija je buržoazija v korist delavskega razreda

3) Kritisch-utopischer Sozialismus und Kommunismus
3) Kritično-utopični socializem in komunizem

Wir beziehen uns hier nicht auf jene Literatur, die den Forderungen des Proletariats immer eine Stimme gegeben hat
Tukaj se ne sklicujemo na tisto literaturo, ki je vedno dajala glas zahtevam proletariata

dies war in jeder großen modernen Revolution vorhanden, wie z. B. in den Schriften von Babeuf und anderen
to je bilo prisotno v vsaki veliki sodobni revoluciji, kot so spisi Babeufa in drugih

Die ersten unmittelbaren Versuche des Proletariats, seine eigenen Ziele zu erreichen, scheiterten notwendigerweise
Prvi neposredni poskusi proletariata, da bi dosegel svoje cilje, so nujno propadli

Diese Versuche wurden in Zeiten allgemeiner Aufregung unternommen, als die feudale Gesellschaft gestürzt wurde
Ti poskusi so bili narejeni v času vsesplošnega vznemirjenja, ko je bila fevdalna družba strmoglavljena

Der damals noch unterentwickelte Zustand des Proletariats führte zum Scheitern dieser Versuche
Takrat nerazvito stanje proletariata je pripeljalo do neuspeha teh poskusov

und sie scheiterten am Fehlen der wirtschaftlichen Voraussetzungen für ihre Emanzipation
in propadli so zaradi odsotnosti gospodarskih pogojev za njegovo emancipacijo

Bedingungen, die erst noch geschaffen werden mussten und die durch die bevorstehende Epoche der Bourgeoisie allein hervorgebracht werden konnten
pogoji, ki jih je bilo treba še ustvariti in bi jih lahko ustvarila samo bližajoča se buržoazna doba

Die revolutionäre Literatur, die diese ersten Bewegungen des Proletariats begleitete, hatte notwendigerweise einen reaktionären Charakter

Revolucionarna literatura, ki je spremljala ta prva gibanja proletariata, je imela nujno reakcionarni značaj

Diese Literatur schärfte universelle Askese und soziale Nivellierung in ihrer gröbsten Form ein

Ta literatura je vcepila univerzalno askezo in družbeno izravnavo v svoji najbolj surovi obliki

Die sozialistischen und kommunistischen Systeme, die man eigentlich so nennt, entstehen in der frühen unentwickelten Periode

Socialistični in komunistični sistemi, pravilno imenovani, so nastali v zgodnjem nerazvitem obdobju

Saint-Simon, Fourier, Owen und andere beschrieben den Kampf zwischen Proletariat und Bourgeoisie (siehe Abschnitt 1)

Saint-Simon, Fourier, Owen in drugi so opisali boj med proletariatom in buržoazijo (glej 1. poglavje)

Die Begründer dieser Systeme sehen in der Tat die Klassengegensätze

Ustanovitelji teh sistemov dejansko vidijo razredne antagonizme

Sie sehen auch das Wirken der sich zersetzenden Elemente in der herrschenden Gesellschaftsform

vidijo tudi delovanje razpadajočih elementov v prevladujoči obliki družbe

Aber das Proletariat, das noch in den Kinderschuhen steckt, bietet ihnen das Schauspiel einer Klasse ohne jede historische Initiative

Toda proletariat, ki je še v povojih, jim ponuja spektakel razreda brez kakršne koli zgodovinske pobude

Sie sehen das Schauspiel einer sozialen Klasse ohne unabhängige politische Bewegung

vidijo spektakel družbenega razreda brez kakršnega koli neodvisnega političnega gibanja

Die Entwicklung des Klassengegensatzes hält mit der Entwicklung der Industrie Schritt

Razvoj razrednega antagonizma je v koraku z razvojem industrije

Die ökonomische Lage bietet ihnen also noch nicht die materiellen Bedingungen für die Befreiung des Proletariats

tako jim gospodarske razmere še ne ponujajo materialnih pogojev za osvoboditev proletariata

Sie suchen also nach einer neuen Sozialwissenschaft, nach neuen sozialen Gesetzen, die diese Bedingungen schaffen sollen

Zato iščejo novo družboslovje, nove družbene zakone, ki naj bi ustvarili te pogoje

historisches Handeln besteht darin, sich ihrem persönlichen erfinderischen Handeln zu beugen

zgodovinsko dejanje je popustiti svojemu osebnemu inventivnemu delovanju

Historisch geschaffene Emanzipationsbedingungen sollen phantastischen Verhältnissen weichen

zgodovinsko ustvarjeni pogoji emancipacije naj bi se vdali fantastičnim pogojem

und die allmähliche, spontane Klassenorganisation des Proletariats soll der Organisation der Gesellschaft weichen

in postopna, spontana razredna organizacija proletariata se mora vdati organizaciji družbe

die Organisation der Gesellschaft, die von diesen Erfindern eigens ersonnen wurde

organizacijo družbe, ki so jo posebej ustvarili ti izumitelji

Die zukünftige Geschichte löst sich in ihren Augen in die Propaganda und die praktische Durchführung ihrer sozialen Pläne auf

Prihodnja zgodovina se v njihovih očeh razreši v propagandi in praktičnem izvajanju njihovih družbenih načrtov

Bei der Ausarbeitung ihrer Pläne sind sie sich bewußt, daß sie sich in erster Linie um die Interessen der Arbeiterklasse kümmern

Pri oblikovanju svojih načrtov se zavedajo, da skrbijo predvsem za interese delavskega razreda

Nur unter dem Gesichtspunkt, die leidendste Klasse zu sein, existiert das Proletariat für sie

Samo z vidika najbolj trpečega razreda proletariat obstaja zanje

Der unentwickelte Zustand des Klassenkampfes und ihre eigene Umgebung prägen ihre Meinungen

Nerazvito stanje razrednega boja in njihova lastna okolica oblikujeta njihova mnenja

Sozialisten dieser Art halten sich allen Klassengegensätzen weit überlegen

Socialisti te vrste se imajo za veliko boljše od vseh razrednih nasprotij

Sie wollen die Lage jedes Mitglieds der Gesellschaft verbessern, auch die der Begünstigten

Želijo izboljšati položaj vsakega člana družbe, tudi tistega najbolj privilegiranega

Daher appellieren sie gewöhnlich an die Gesellschaft als Ganzes, ohne Unterschied der Klasse

Zato običajno nagovarjajo družbo na splošno, brez razlikovanja razreda

Ja, sie appellieren an die Gesellschaft als Ganzes, indem sie die herrschende Klasse bevorzugen

ne, nagovarjajo družbo na splošno z dajanjem prednosti vladajočemu razredu

Für sie ist alles, was es braucht, dass andere ihr System verstehen

Za njih je vse, kar potrebuje, da drugi razumejo njihov sistem

Denn wie können die Menschen nicht erkennen, dass der bestmögliche Plan für den bestmöglichen Zustand der Gesellschaft ist?

Kajti kako lahko ljudje ne vidijo, da je najboljši možni načrt za najboljše možno stanje družbe?

Daher lehnen sie jede politische und vor allem jede revolutionäre Aktion ab

Zato zavračajo vsa politična in še posebej vsa revolucionarna dejanja

Sie wollen ihre Ziele mit friedlichen Mitteln erreichen
svoje cilje želijo doseči z miroljubnimi sredstvi
Sie bemühen sich durch kleine Experimente, die notwendigerweise zum Scheitern verurteilt sind
prizadevajo si z majhnimi poskusi, ki so nujno obsojeni na neuspeh
und durch die Kraft des Beispiels versuchen sie, den Weg für das neue soziale Evangelium zu ebnen
in z zgledom poskušajo tlakovati pot novemu družbenemu evangeliju
Welch phantastische Bilder von der zukünftigen Gesellschaft, gemalt in einer Zeit, in der sich das Proletariat noch in einem sehr unterentwickelten Zustand befindet
Takšne fantastične slike prihodnje družbe, naslikane v času, ko je proletariat še vedno v zelo nerazvitem stanju
und sie hat immer noch nur eine phantastische Vorstellung von ihrer eigenen Stellung
in še vedno ima le fantastično predstavo o svojem položaju
aber ihre ersten instinktiven Sehnsüchte entsprechen den Sehnsüchten des Proletariats
toda njihova prva instinktivna hrepenenja ustrezajo hrepenenju proletariata
Beide sehnen sich nach einem allgemeinen Umbau der Gesellschaft
oba hrepenita po splošni obnovi družbe
Aber diese sozialistischen und kommunistischen Veröffentlichungen enthalten auch ein kritisches Element
Toda te socialistične in komunistične publikacije vsebujejo tudi kritični element
Sie greifen jedes Prinzip der bestehenden Gesellschaft an
Napadajo vsa načela obstoječe družbe
Daher sind sie voll von den wertvollsten Materialien für die Aufklärung der Arbeiterklasse
Zato so polni najdragocenejših materialov za razsvetljenje delavskega razreda

Sie schlagen die Abschaffung der Unterscheidung zwischen Stadt und Land und der Familie vor

predlagajo odpravo razlike med mestom in podeželjem ter družino

die Abschaffung des Gewerbetreibens für Rechnung von Privatpersonen

odprava opravljanja dejavnosti za račun posameznikov

und die Abschaffung des Lohnsystems und die Proklamation des sozialen Friedens

in odprava plačnega sistema in razglasitev družbene harmonije

die Verwandlung der Funktionen des Staates in eine bloße Aufsicht über die Produktion

preoblikovanje funkcij države v zgolj nadzor nad proizvodnjo

Alle diese Vorschläge deuten einzig und allein auf das Verschwinden der Klassengegensätze hin

Vsi ti predlogi kažejo izključno na izginotje razrednih antagonizmov

Klassengegensätze waren damals gerade erst im Entstehen begriffen

razredni antagonizmi so se takrat šele pojavljali

In diesen Veröffentlichungen werden diese Klassengegensätze nur in ihren frühesten, undeutlichen und unbestimmten Formen anerkannt

V teh publikacijah so ti razredni antagonizmi prepoznani le v svojih najzgodnejših, nejasnih in neopredeljenih oblikah

Diese Vorschläge haben also rein utopischen Charakter

Ti predlogi so torej povsem utopičnega značaja

Die Bedeutung des kritisch-utopischen Sozialismus und des Kommunismus steht in einem umgekehrten Verhältnis zur historischen Entwicklung

Pomen kritično-utopičnega socializma in komunizma je v obratnem razmerju z zgodovinskim razvojem

Der moderne Klassenkampf wird sich entwickeln und weiter konkrete Gestalt annehmen

Sodobni razredni boj se bo razvijal in še naprej dobival dokončno obliko

Dieses fantastische Ansehen des Wettbewerbs wird jeden praktischen Wert verlieren

Ta fantastična uvrstitev na tekmovanju bo izgubila vso praktično vrednost

Diese phantastischen Angriffe auf die Klassengegensätze verlieren jede theoretische Rechtfertigung

Ti fantastični napadi na razredne antagonizme bodo izgubili vso teoretično utemeljitev

Die Urheber dieser Systeme waren in vielerlei Hinsicht revolutionär

Začetniki teh sistemov so bili v mnogih pogledih revolucionarni

Aber ihre Jünger haben in jedem Fall bloße reaktionäre Sekten gebildet

toda njihovi učenci so v vsakem primeru oblikovali zgolj reakcionarne sekte

Sie halten an den ursprünglichen Ansichten ihrer Meister fest

Trdno se držijo prvotnih pogledov svojih gospodarjev

Aber diese Anschauungen stehen im Gegensatz zur fortschreitenden geschichtlichen Entwicklung des Proletariats

Toda ti pogledi so v nasprotju s progresivnim zgodovinskim razvojem proletariata

Sie bemühen sich daher, und zwar konsequent, den Klassenkampf abzustumpfen

Zato si prizadevajo, in to dosledno, umrtviti razredni boj

Und sie bemühen sich konsequent, die Klassengegensätze zu versöhnen

in dosledno si prizadevajo za uskladitev razrednih nasprotij

Noch träumen sie von der experimentellen Umsetzung ihrer gesellschaftlichen Utopien

Še vedno sanjajo o eksperimentalni realizaciji svojih družbenih utopij

sie träumen immer noch davon, isolierte "Phalanster" zu gründen und "Heimatkolonien" zu gründen

še vedno sanjajo o ustanovitvi izoliranih »falansterjev« in ustanavljanju »domačih kolonij«

sie träumen davon, eine "Kleine Ikaria" zu errichten – Duodecimo-Ausgaben des Neuen Jerusalem

sanjajo o ustanovitvi "Male Ikarije" – duodecimo izdaje Novega Jeruzalema

Und sie träumen davon, all diese Luftschlösser zu verwirklichen

in sanjajo, da bi uresničili vse te gradove v zraku

Sie sind gezwungen, an die Gefühle und den Geldbeutel der Bourgeoisie zu appellieren

prisiljeni so se sklicevati na občutke in denarnice buržoazije

Nach und nach sinken sie in die Kategorie der oben dargestellten reaktionären konservativen Sozialisten

Postopoma se potopijo v kategorijo reakcionarnih konservativnih socialistov, ki so opisani zgoraj

sie unterscheiden sich von diesen nur durch systematischere Pedanterie

Od teh se razlikujejo le po bolj sistematičnem pedantizmu

und sie unterscheiden sich durch ihren fanatischen und abergläubischen Glauben an die Wunderwirkungen ihrer Sozialwissenschaft

in razlikujejo se po fanatični in vraževerni veri v čudežne učinke njihove družbene znanosti

Sie widersetzen sich daher gewaltsam jeder politischen Aktion der Arbeiterklasse

Zato nasilno nasprotujejo vsakršnemu političnemu delovanju delavskega razreda

ein solches Handeln kann ihrer Meinung nach nur aus blindem Unglauben an das neue Evangelium resultieren

takšno dejanje je po njihovem mnenju lahko le posledica slepe nevere v novi evangelij

Die Owenisten in England und die Fourieristen in Frankreich stehen den Chartisten und den "Réformisten" entgegen

Oweniti v Angliji in fourieristi v Franciji nasprotujejo chartistom in »réformistes«

Stellung der Kommunisten zu den verschiedenen bestehenden Oppositionsparteien

Stališče komunistov do različnih obstoječih nasprotnih strank

Abschnitt II hat die Beziehungen der Kommunisten zu den bestehenden Arbeiterparteien deutlich gemacht
Oddelek II je razjasnil odnos komunistov do obstoječih delavskih strank
wie die Chartisten in England und die Agrarreformer in Amerika
kot so chartisti v Angliji in agrarni reformatorji v Ameriki
Die Kommunisten kämpfen für die Erreichung der unmittelbaren Ziele
Komunisti se borijo za doseganje neposrednih ciljev
Sie kämpfen für die Durchsetzung der momentanen Interessen der Arbeiterklasse
Borijo se za uveljavljanje trenutnih interesov delavskega razreda
Aber in der politischen Bewegung der Gegenwart repräsentieren und kümmern sie sich auch um die Zukunft dieser Bewegung
Toda v političnem gibanju sedanjosti predstavljajo in skrbijo tudi za prihodnost tega gibanja
In Frankreich verbünden sich die Kommunisten mit den Sozialdemokraten
V Franciji se komunisti povezujejo s socialdemokrati
und sie positionieren sich gegen die konservative und radikale Bourgeoisie
in se postavljajo proti konservativni in radikalni buržoaziji
sie behalten sich jedoch das Recht vor, eine kritische Position gegenüber Phrasen und Illusionen einzunehmen, die traditionell aus der großen Revolution überliefert sind
vendar si pridržujejo pravico, da zavzamejo kritično stališče v zvezi s frazami in iluzijami, ki so se tradicionalno prenašale iz velike revolucije

In der Schweiz unterstützt man die Radikalen, ohne dabei
aus den Augen zu verlieren, dass diese Partei aus
antagonistischen Elementen besteht
V Švici podpirajo radikalce, ne da bi pri tem pozabili na
dejstvo, da je ta stranka sestavljena iz antagonističnih
elementov
teils von demokratischen Sozialisten im französischen
Sinne, teils von radikaler Bourgeoisie
deloma demokratičnih socialistov v francoskem smislu,
deloma radikalne buržoazije
In Polen unterstützen sie die Partei, die auf einer
Agrarrevolution als Hauptbedingung für die nationale
Emanzipation beharrt
Na Poljskem podpirajo stranko, ki vztraja pri agrarni revoluciji
kot glavnem pogoju za nacionalno emancipacijo
jene Partei, die 1846 den Krakauer Aufstand angezettelt
hatte
tisti stranki, ki je leta 1846 spodbudila vstajo v Krakovu
In Deutschland kämpft man mit der Bourgeoisie, wenn sie
revolutionär handelt
V Nemčiji se borijo z buržoazijo, kadar ta deluje na
revolucionaren način
gegen die absolute Monarchie, das feudale Eichhörnchen
und das Kleinbourgeoisie
proti absolutni monarhiji, fevdalni veverici in drobni
buržoaziji
Aber sie hören nicht auf, der Arbeiterklasse auch nur einen
Augenblick lang eine bestimmte Idee einzuflößen
Vendar nikoli ne prenehajo, niti za trenutek, vcepiti
delavskemu razredu eno posebno idejo
die klarste Erkenntnis des feindlichen Antagonismus
zwischen Bourgeoisie und Proletariat
najjasnejše možno priznanje sovražnega antagonizma med
buržoazijo in proletariatom
damit die deutschen Arbeiter sofort von den ihnen zur
Verfügung stehenden Waffen Gebrauch machen können

tako da lahko nemški delavci takoj uporabijo orožje, ki jim je
na voljo
**die sozialen und politischen Bedingungen, die die
Bourgeoisie mit ihrer Herrschaft notwendigerweise
einführen muss**
družbene in politične razmere, ki jih mora buržoazija nujno
uvesti skupaj s svojo prevlado
**der Sturz der reaktionären Klassen in Deutschland ist
unvermeidlich**
padec reakcionarnih razredov v Nemčiji je neizogiben
**und dann kann der Kampf gegen die Bourgeoisie selbst
sofort beginnen**
in takrat se lahko takoj začne boj proti sami buržoaziji
**Die Kommunisten richten ihre Aufmerksamkeit
hauptsächlich auf Deutschland, weil dieses Land am
Vorabend einer Bourgeoisie Revolution steht**
Komunisti usmerjajo svojo pozornost predvsem na Nemčijo,
ker je ta država na predvečer buržoazne revolucije
**eine Revolution, die unter den fortgeschritteneren
Bedingungen der europäischen Zivilisation durchgeführt
werden muss**
revolucija, ki se bo zagotovo izvedla v naprednejših pogojih
evropske civilizacije
**Und sie wird mit einem viel weiter entwickelten Proletariat
durchgeführt werden**
in zagotovo se bo izvajala z veliko bolj razvitim proletariatom
**ein Proletariat, das weiter fortgeschritten war als das
Englands im 17. und Frankreichs im 18. Jahrhundert**
proletariat, ki je bil naprednejši od angleškega v sedemnajstem
stoletju, in Francije v osemnajstem stoletju
**und weil die Bourgeoisie Revolution in Deutschland nur das
Vorspiel zu einer unmittelbar folgenden proletarischen
Revolution sein wird**
in ker bo buržoazna revolucija v Nemčiji le uvod v proletarsko
revolucijo, ki bo takoj sledila

Kurz gesagt, die Kommunisten unterstützen überall jede revolutionäre Bewegung gegen die bestehende soziale und politische Ordnung der Dinge

Skratka, komunisti povsod podpirajo vsako revolucionarno gibanje proti obstoječemu družbenemu in političnemu redu stvari

In all diesen Bewegungen rücken sie als Leitfrage die Eigentumsfrage in den Vordergrund

V vseh teh gibanjih prinašajo v ospredje, kot vodilno vprašanje v vsakem od njih, vprašanje lastnine

unabhängig davon, wie hoch der Entwicklungsstand in diesem Land zu diesem Zeitpunkt ist

ne glede na stopnjo razvoja v tej državi v tistem času

Schließlich setzen sie sich überall für die Vereinigung und Zustimmung der demokratischen Parteien aller Länder ein

Končno si povsod prizadevajo za združitev in soglasje demokratičnih strank vseh držav

Die Kommunisten verschmähen es, ihre Ansichten und Ziele zu verheimlichen

Komunisti prezirajo prikrivanje svojih pogledov in ciljev

Sie erklären offen, dass ihre Ziele nur durch den gewaltsamen Umsturz aller bestehenden gesellschaftlichen Verhältnisse erreicht werden können

Odkrito izjavljajo, da je njihove cilje mogoče doseči le s prisilnim strmoglavljenjem vseh obstoječih družbenih razmer

Mögen die herrschenden Klassen vor einer kommunistischen Revolution zittern

Naj vladajoči razredi tresejo pred komunistično revolucijo

Die Proletarier haben nichts zu verlieren als ihre Ketten

Proletarci nimajo ničesar izgubiti, razen svojih verig

Sie haben eine Welt zu gewinnen

Imajo svet za zmago

ARBEITER ALLER LÄNDER, VEREINIGT EUCH!

DELAVCI VSEH DEŽEL, ZDRUŽITE SE!